Le Pinscher

Filippo Cattaneo

LE PINSCHER

De Vecchi

Nous remercions M. Ivano Gambacciani, de l'élevage Alto Fondale à Arnaccio Cascina (dans la région de Pise, en Italie) qui a fait preuve d'une grande disponibilité et nous a grandement aidés dans la réalisation des photographies.

Les « Conseils du vétérinaire » ont été rédigés par Florence Desachy.

Directrice de collection : Florence Desachy

Photos de couverture : © COGIS / V. GROSSEMY

Photographies : Gianni Balisteri (Fotoimmagine, Gênes), sauf mention contraire

Dessins : Alberto Marengoni

Traduction : Nelly Turrini

SOMMAIRE

Introduction

Le choix d'un chien, qui vous accompagnera un long moment de votre vie, est une décision importante qu'il ne faut pas prendre à la légère. Tout d'abord, sachez qu'un chien modifiera en partie votre vie quotidienne : vous devrez lui consacrer du temps et libérer de l'espace pour lui. Votre vie changera également d'un point de vue affectif, car le chien qui intègre votre foyer est un être qui exige de l'amour, mais surtout qui vous en donnera, sans compter.

Il me semble impossible aujourd'hui de réfléchir sur les origines des chiens, sans me référer immédiatement à l'ouvrage immensément célèbre de Konrad Lorenz *Tous les chiens, tous les chats* où il raconte l'histoire d'un louveteau abandonné, recueilli par l'homme qui l'amène dans sa caverne. Élevé par une petite fille qui le traite comme si c'était son jouet le plus cher, il apprécie le confort de la vie avec l'homme et, en échange, il se transforme en chien. Bien entendu, il s'agit d'une reconstitution imaginaire, même si elle est vraisemblable, compte tenu des connaissances actuelles sur l'apparition du chien. Mais l'important n'est pas là ; ce récit met

surtout en évidence un fait essentiel : la première rencontre entre l'homme et le chien a été fondée sur l'amour. L'homme s'attendrit devant ce petit abandonné (la mère est peut-être morte), la petite fille l'élève avec amour et l'animal, plein de reconnaissance, lui rend son amour, devenant ainsi son meilleur ami.

Avec le temps, le chien devient l'auxiliaire de l'homme : tout d'abord pour la chasse, exclusivement, puis, grâce à la sélection, pour la garde du bétail, la défense du territoire ; il est aussi utilisé comme moyen de transport (chien de traîneau). Dès les tout débuts, cette relation est marquée par une assistance mutuelle et elle est possible parce que humains et chiens ont reconnu une similitude fondamentale les rendant « compatibles » : l'organisation sociale du groupe dans lequel ils vivent.

L'histoire de notre cohabitation avec un chien de compagnie rappelle, à certains égards, celle du petit loup abandonné : lorsque le chien entre dans votre foyer, il se sent perdu à cause de l'absence de ses frères et de sa mère et vous lui donnez immédiatement de l'amour, un amour qu'il vous rendra presque instantanément. Il rongera quelques-uns de vos objets, fera ses besoins sur le plus beau tapis de la maison (il aurait suffi pourtant de le retirer pendant quelque temps !) mais n'y voyez pas malice ! Pour lui, il s'agit uniquement de prendre possession de son nouveau territoire. Si vous savez le comprendre, lui aussi vous comprendra lorsque vous serez obligé de le laisser seul à la maison pour aller travailler. Il saura vous offrir une affection inconditionnelle.

DÉCOUVRIR ET CONNAÎTRE SON CHIEN

Comment choisir un Pinscher

Tout d'abord une précision s'impose. Le terme « Pinscher » désigne communément deux races que l'on confond parfois : le Pinscher à proprement parler et le Zwergpinscher ou Pinscher nain.

Dans cet ouvrage, nous utiliserons systématiquement le terme générique de « Pinscher », même si, en réalité, nous nous intéresserons surtout au Zwergpinscher, qui est la race la plus connue dans nos pays. Les photos qui illustrent notre guide représentent, d'ailleurs, presque toutes des chiens de la race Zwergpinscher. Les différences entre les deux races sont peu importantes et se limitent à la hauteur et au poids comme cela est spécifié dans le chapitre intitulé « Le Pinscher idéal ».

Parmi tous les chiens sélectionnés par l'homme pour devenir exclusivement des animaux de compagnie, le Pinscher est peut-être celui qui est resté le plus canin, c'est-à-dire celui qui, morphologiquement, est le plus semblable à son ancêtre et qui lors de la sélection n'a pas subi de modifications forcées, dictées par des critères esthétiques plus ou moins légitimes et liés à la mode du temps.

Son caractère semble calqué sur la linéarité de ses formes. Très vif, il est courageux et en même temps très attaché aux personnes avec lesquelles il vit, dont il ne peut se passer. Ce n'est donc pas un chien indépendant car il est particulièrement uni à sa meute. Il sait parfaitement distinguer ses amis des inconnus. Un exemple ? Les changements que vous constaterez en lui lorsqu'il quittera l'élevage pour votre foyer. Avec ses frères et en présence d'autres chiens adultes, il pouvait sembler nerveux, très bruyant et agité, mais, une fois arrivé chez vous, dès qu'il aura pris ses marques dans son nouvel environnement et appris à connaître ses nouveaux compagnons humains, il se tranquillisera immédiatement. Il réservera alors ses talents d'« aboyeur » émérite aux audacieux inconnus pénétrant sur son territoire ou pour signaler des bruits suspects, mettant ainsi en évidence ses qualités de chien de garde, ce qu'il était à l'origine.

LES ORIGINES DU PINSCHER

À l'époque préhistorique, il existait un chien que nous pourrions considérer comme appartenant au type Pinscher ou Schnauzer. En effet, les restes fossiles de crânes dotés de cette conformation ont été retrouvés sur les rives du lac de Constance et de Biel, lors de fouilles effectuées vers le milieu du XIXe siècle dans certains villages sur pilotis, vieux de plus de cinq mille ans. Ce chien très ancien, fruit d'une sélection probablement due à sa bonne résistance au climat et à un tempérament répondant aux besoins des hommes de son temps, a traversé toute l'histoire, pour arriver à une époque où, vers le milieu du XIXe siècle, il a commencé à être classifié, sélectionné et enregistré comme appartenant à une race déterminée. C'est en 1879 que fut effectué le premier enregistrement du Pinscher dans le Livre des origines allemand et c'est en 1900 qu'a eu lieu le premier enregistrement d'un Zwergpinscher, descendant direct du Pinscher.

Aujourd'hui, tous deux sont reconnus par la Fédération cynologique internationale (FCI) comme appartenant à la première section du groupe II, nommé « Chiens de type Pinscher et Schnauzer, molossoïdes et chiens de bouvier suisses ».

Ce tempérament, associé aujourd'hui à sa petite dimension qui a diminué son agressivité, fait du Pinscher un chien capable d'alerter ses maîtres à la moindre anomalie mais également un animal très docile : c'est donc un excellent compagnon pour les personnes âgées avec lesquelles il est très doux et compréhensif.

Femelle de Zwergpinscher

Mâle de Zwergpinscher

Mâle ou femelle ?

Mis à part les différences de taille (minimes), la femelle, dotée d'un caractère plus doux, est plus réceptive à l'apprentissage que le mâle, qui est légèrement plus haut mais aussi plus exubérant et joueur. La seule véritable différence est liée au comportement sexuel et à l'existence d'une période de chaleur chez les femelles. Le problème, avec les Pinschers, est que l'œstrus est souvent imperceptible : vous vous rendrez compte qu'il s'agit d'une période critique grâce aux mâles qui feront à votre femelle une cour insistante et parce que vous repérerez de minuscules gouttes de sang sur le sol. Il faudra donc être très attentif, surtout pour les femelles qui ont peu l'occasion de rencontrer d'autres chiens, si vous voulez éviter des accouplements intempestifs.

Mâle de Pinscher moyen

Femelle de Pinscher moyen

Chiot, jeune chien ou adulte ?

Un chiot de deux ou trois mois est toujours particulièrement attendrissant et son éducation constitue une expérience à la fois stimulante et

fascinante. En effet, il est possible de le conditionner pendant sa croissance pour qu'il s'adapte d'une manière positive à vos habitudes.

En revanche, si vous souhaitez fréquenter les expositions canines ou si vous voulez simplement comme compagnon un chien typique de sa race, choisissez plutôt un jeune chien de huit à quinze mois. Ainsi, vous aurez plus de certitudes en ce qui concerne sa morphologie et vous aurez avec vous un chien qui a déjà appris les premières règles de comportement. Étant donné qu'il est resté longtemps dans un élevage, un jeune chien de ce genre est souvent fortement attaché à la meute avec laquelle il vit et, pour lui, son maître sera plus un pourvoyeur de nourriture et un éducateur qu'un ami. Pour pallier ce qui peut représenter un inconvénient, il faudra choisir un sujet manifestant un désir particulier de trouver dans l'être humain de nouveaux stimuli.

En revanche, si vous voulez être certain du caractère et de la morphologie de votre Pinscher et souhaitez éviter des problèmes d'éducation, choisissez un adulte. Prenez un chien morphologiquement correct et sans défauts de type, si vous voulez le présenter en exposition. Si vous désirez simplement un chien de compagnie, optez pour un animal plein d'assurance.

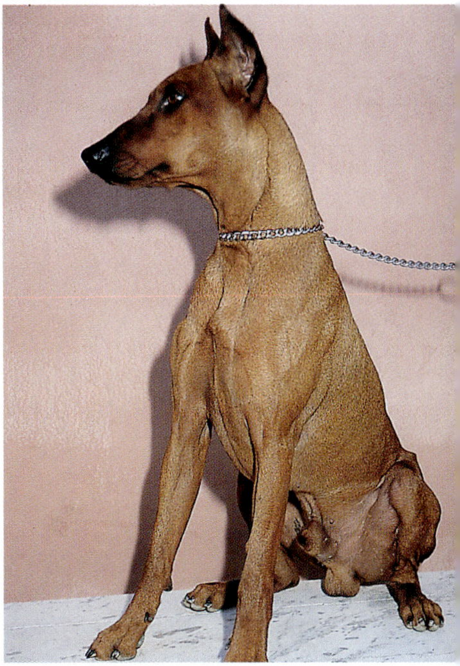

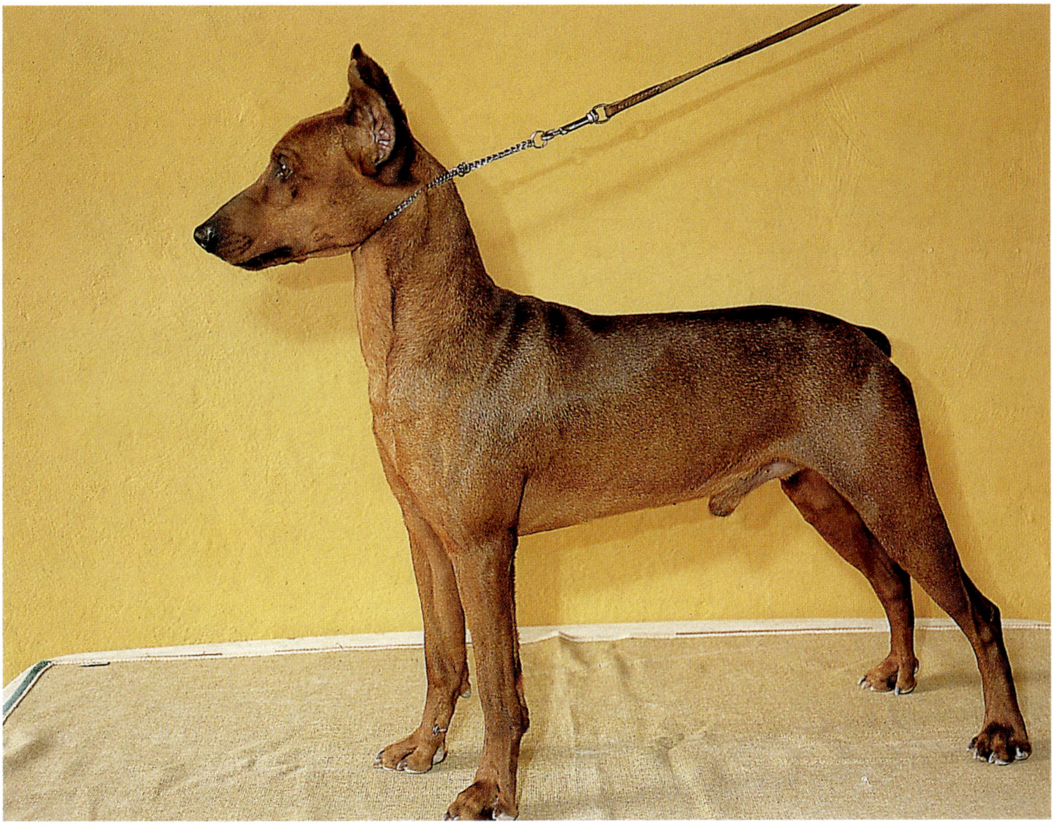

Règles pour une cohabitation heureuse

Même si l'espace limité de votre intérieur peut suffire à ses besoins en exercices physiques, le Pinscher aime se trouver en plein air à condition d'être en compagnie de ses amis humains.

Comme tous les autres chiens, c'est un animal sociable qui a besoin de sa meute, représentée par la famille dans laquelle il vit. Ce n'est pas simplement un invité à qui on demande de nous distraire par sa joyeuse présence mais un ami avec lequel on partagera des moments de jeu et d'insouciance.

Chien de compagnie à la forte personnalité, il demande, en retour, beaucoup d'attentions. C'est la raison pour laquelle il ne pourra jamais être un étranger dans votre

vie. Il aime être avec vous et il vous considérera comme indispensable dans toutes ses expériences quotidiennes, à tel point que des périodes de solitude trop prolongées risquent de le rendre malheureux et de le pousser à s'isoler ; il perda sa joie de vivre et l'intérêt pour tout ce qui l'entoure.

OÙ ET COMMENT ACHETER UN PINSCHER ?

Si vous voulez être sûr d'avoir affaire à un interlocuteur professionnel et connaissant bien cette race, le mieux est de vous adresser à un éleveur spécialisé. Les adresses des éleveurs pourront vous être communiquées par la Société centrale canine (155, av. Jean-Jaurès, 93535 Aubervilliers Cedex, tél. : 01 49 37 54 00). Vous pouvez également demander conseil à une boutique d'animaux.

Quoi qu'il en soit, ne soyez pas pressé : si vous ne trouvez pas de chiot disponible ou si celui qui vous a été proposé ne vous convient pas totalement, attendez patiemment jusqu'à ce que l'éleveur qui vous semble le plus fiable vous propose un chien approprié.

La Société centrale canine garantit que les chiots que l'on trouvera dans les élevages sont de race pure, dotés d'un pedigree décrivant leur généalogie. Ne craignez pas non plus de faire quelques kilomètres supplémentaires pour trouver un éleveur sérieux et digne de votre confiance. Cela peut être le prétexte de quelques jours de vacances, qui vous permettront de visiter la France ou l'Europe, si votre zone de recherche s'étend au-delà des frontières. Tous ces efforts seront récompensés car vous aurez auprès de vous un chien élevé par un expert et, le cas échéant, vous pourrez vous adresser à ce dernier, pendant la croissance du chien, pour obtenir des informations indispensables.

Il est possible que dans votre recherche vous entriez en contact avec un particulier dont la chienne a eu une portée. Avant de décider de vous adresser à lui pour votre achat, n'oubliez pas que cette personne n'est pas un professionnel : informez-vous donc très attentivement sur la généalogie du père et de la mère du chiot. Posez des questions sur les critères utilisés pour le choix du mâle et sur le programme de croissance des chiots (surtout d'un point de vue alimentaire). Les boutiques d'animaux proposent souvent des chiots : vérifiez cette fois encore la provenance et les conditions de vie du chiot car si celui-ci a changé de mains plusieurs fois, son caractère et sa santé risquent de s'en ressentir.

LE CHIOT DE ZWERGPINSCHER

Si vous ne vous êtes pas adressé à un élevage capable de vous offrir toutes les garanties possibles sur la pureté et la typicité des sujets élevés il faudra être très attentif à l'aspect du chien que l'on vous propose, surtout s'il s'agit d'un Zwergpinscher. En effet, le Pinscher nain est une race très petite et il est donc très difficile de voir les défauts ou les caractéristiques qui l'éloignent de cette race sur un chiot de deux mois à peine : il peut arriver que le chiot ressemble seulement à un Zwergpinscher ou qu'il présente les caractéristiques du nanisme, par exemple des yeux ronds, trop grands et saillants, un crâne arrondi, un occiput prononcé et des membres trop courts.

Alors qu'en fait le Zwergpinscher doit donner l'impression d'être une miniature, et ressembler de par sa constitution à un petit chef-d'œuvre d'harmonie et de proportion.

Son comportement

La vie quotidienne avec un Pinscher doit se dérouler de la manière la plus normale possible. En effet, ce chien aime se sentir partie prenante et participer avec toute la famille aux différents moments de la journée. Il vous tiendra compagnie pendant que vous préparerez les repas (attention toutefois : il ne faut pas céder à ses yeux implorants, il est gourmand et risque de grossir !), il vous accompagnera volontiers lorsque vous sortirez faire les courses et ne dédaignera pas faire une petite sieste à côté de vous sur le canapé. En résumé, il ne veut absolument pas se sentir exclu et comment lui donner tort ! ne l'avez-vous pas choisi comme animal « de compagnie » ? Dans le cas contraire, se sentant repoussé, il deviendrait triste et irascible.

Un Pinscher peut vivre très heureux dans un petit appartement qu'il considérera dès le premier jour comme son habitat naturel. Sa nouvelle maison deviendra tout son monde à tel point qu'en théorie il pourrait ne jamais en sortir. Ses déjections sont en effet tellement petites qu'elles peuvent être faites dans une caisse contenant du sable (comme pour les chats) éventuellement placée dans un coin du balcon. Étant très intelligent et aimant la propreté dans sa maison/tanière, le Pinscher apprendra rapidement à faire ses besoins où vous lui direz.

Pour le Pinscher, une relation continue avec ses compagnons humains est indispensable, c'est même une condition pour qu'il se sente intégré. C'est sa manière de vivre et il faudra le comprendre le plus rapidement possible pour être notamment capable de le calmer lorsque cela se révèle nécessaire : très têtu, il pourrait dans le cas contraire continuer à demander avec insistance que vous lui accordiez toute votre attention en aboyant sur un ton aigu. Le maître doit rester le dominant !

Si vous disposez d'un jardin ou d'une cour, même de petite dimension, le Pinscher pourra en faire son royaume et il y cachera ses « effets personnels ». Protégé par la barrière, il s'amusera à courir derrière les passants mais il se lassera rapidement d'être dehors et, si vous n'êtes pas avec lui, il demandera avec insistance à rentrer, même par les plus belles journées de printemps.

Fouiller dans la terre, creuser des trous et se rouler sur une odeur qui nous semble extrêmement désagréable, voilà des comportements naturels pour un chien. Ces habitudes se fondent en effet sur ses instincts sauvages qui lui ont été transmis génération après génération. Le fait d'inspecter avec son nez la terre et de mâchouiller tout ce qu'il trouve rappelle la faim atavique de son ancêtre le loup qui, pendant les périodes de disette, devait se contenter de petits rôdeurs, de baies et d'herbes de manière à s'assurer l'absorption de sels minéraux et de vitamines indispensables. Creuser des trous peut avoir la même signification, mais c'est aussi une manière de se limer les ongles ou d'évacuer la tension provoquée par la faim.

Se rouler sur une odeur est, pour un loup, un comportement très important et il l'est aussi pour un Pinscher. On ne sait pas encore exactement ce que cela signifie, même s'il existe deux hypothèses jouissant d'un certain crédit auprès des spécialistes :

– une odeur forte permet de cacher la sienne, évitant d'alerter la proie qui pourrait détecter sa présence ;
– chez un sujet dominant en particulier, l'odeur de charogne ou d'excrément sur le corps peut constituer une manière de se distinguer de ses semblables, une sorte de parfum intense pour se rendre plus « séduisant ».

Quoi qu'il en soit, fouiller le sol, creuser et se « parfumer » sont des comportements contre lesquels nous ne pouvons guère agir. Il ne faut surtout pas essayer à tout prix de les inhiber car vous risqueriez de provoquer chez l'animal une perte complète de sa mémoire historique et donc de son identité canine.

Ne le protégez pas trop

Bien qu'il ait besoin de votre compagnie et qu'il aime se sentir près de vous, ne vous laissez pas aller à un instinct protecteur exagéré. En effet, le Pinscher est un chien sain et robuste et non pas un petit être maladif qu'il faut protéger partout et toujours. Pour éviter le risque que, choyé et cajolé toute la journée, il ne finisse par se sentir le maître incontesté de la maison, se transformant en un despote gâté (ce qui n'est pas toujours totalement évité), il faudra lui inculquer un certain nombre d'interdictions.

Il doit en outre comprendre qu'il peut passer une partie de la journée tranquillement dans son coin : il est suffisamment sensible pour comprendre que, dans certains cas, il vaut mieux… se faire oublier.

Le petit manteau

Bien qu'originaire d'Europe centrale, le Pinscher n'aime pas le froid et il sera bien content si, par une froide journée d'hiver, vous le recouvrez d'un doux manteau ou d'un imperméable. N'exagérez pas toutefois et ne le lui enfilez que lorsque le thermomètre atteint 0 °C ou lorsque la pluie est particulièrement insistante : dans le cas contraire vous en feriez un esclave de la chaleur, qui risquerait de tomber malade dès qu'il fait un peu frais ou qu'il y a un peu de vent.

Ses relations avec les autres animaux

S'il passe une partie de son temps avec vous, le Pinscher doit également pouvoir avoir des relations sereines avec les autres animaux et être capable de socialisation. Il en va de même pour les animaux qui vivent avec lui et dont vous ne voulez absolument pas qu'ils deviennent ses proies. Pour pouvoir rencontrer d'autres chiens, il doit connaître les règles fondamentales du comportement canin (par exemple, il ne doit pas se jeter comme un kamikaze contre un Bouledogue !) et savoir se soumettre au bon moment. Pour ce qui est des autres animaux vivant chez vous avec lui il doit savoir qu'ils existent et que vous y tenez beaucoup.

© V. Grossemy / Cogis

Ses relations avec les enfants

Le Pinscher aime la compagnie et il est particulièrement curieux, docile, possessif et vif : c'est donc un ami idéal pour les enfants avec lesquels il aime jouer et explorer tout ce qui l'entoure.

QUELQUES RÈGLES POUR LES ENFANTS

Ne jamais regarder fixement le chien dans les yeux ni lui souffler sur le museau : il pourrait le prendre pour un défi.

Ne jamais le déranger pendant qu'il mange : il sait qu'un enfant ne peut pas se permettre de lui prendre sa nourriture.

Ne pas s'approcher silencieusement du chien par-derrière : il pourrait penser qu'on lui tend un piège et se montrer agressif à l'égard de l'enfant. Ne pas lui tirer les poils, les oreilles et la queue et ne pas lui frotter la truffe.

Bien qu'étant particulièrement compréhensif, il n'accepte pas volontiers les vexations, pas même de la part des enfants à qui il faut expliquer qu'ils ne doivent pas lui tirer les oreilles ni jouer avec ses yeux ou sa truffe.

Ce n'est pas une peluche que l'on peut tirailler de tous côtés mais un chien vif et joyeux qui apprécie leur compagnie.

Une fois ces règles simples acceptées, les enfants pourront sans problème sauter sur son dos, jouer à la « bagarre » avec lui, courir et sauter sans que l'animal se rebelle.

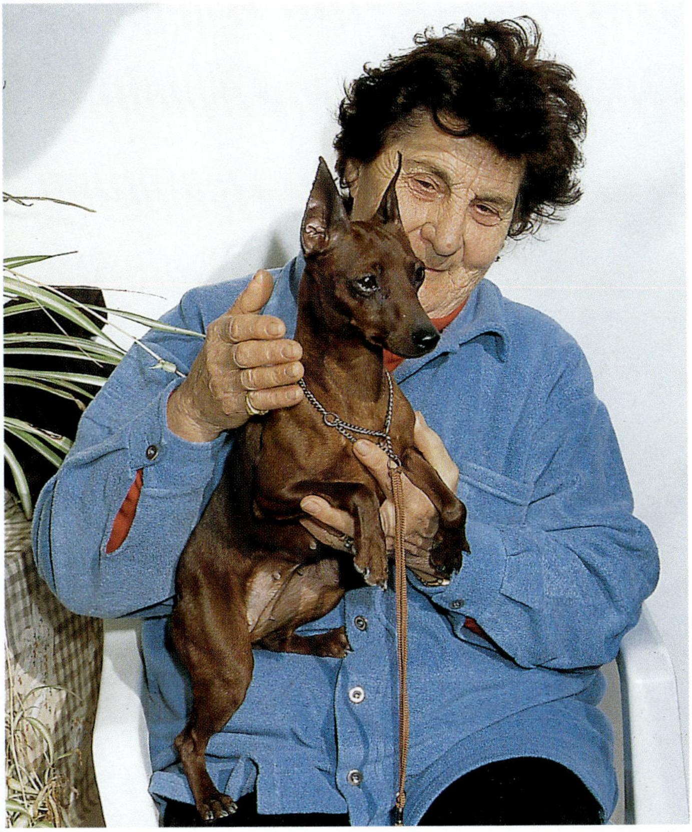

d'adaptation à des espaces réduits font du Pinscher l'un des chiens les plus appropriés pour les personnes qui ne sont plus toutes jeunes. En effet, le Pinscher peut se contenter des espaces restreints d'un petit appartement qui lui suffiront pour son exercice et il peut faire ses besoins sur un petit papier journal. Mais surtout, il aime se faire caresser et cajoler.

Lorsqu'il vieillit

En général, les Pinschers vivent assez longtemps et lorsqu'ils atteignent le troisième âge, ils changent de caractère, accentuant le besoin de chaleur, de paix et de tranquillité, qui les a toujours caractérisés.

Ses relations avec les personnes âgées

La compagnie d'un chien représente, pour une personne âgée, une source de tranquillité et de sérénité. La gaieté et l'affection qu'il est capable d'offrir, ses petites dimensions et ses grandes capacités

COMPARAISON ENTRE L'ÂGE DE L'HOMME ET L'ÂGE DU CHIEN

Chien	*Homme*
2 mois	14 mois
6 mois	5 ans
8 mois	9 ans
12 mois	14 ans
18 mois	20 ans
2 ans	24 ans
3 ans	28 ans
4 ans	32 ans
5 ans	37 ans
6 ans	42 ans
7 ans	48 ans
8 ans	54 ans
9 ans	60 ans
10 ans	65 ans
11 ans	70 ans
12 ans	75 ans
13 ans	79 ans
14 ans	83 ans
15 ans	86 ans
16 ans	88 ans
17 ans	90 ans

COMMUNIQUER AVEC UN CHIOT

Lorsqu'un chiot de deux mois entre dans votre vie, il ne sait absolument pas ce que signifie vivre en compagnie d'êtres humains. Il connaît l'homme parce que celui-ci représente sa source de nourriture depuis qu'il est sevré et parce qu'il lui a proposé certains stimuli, lors de ses jeux avec ses frères. Il a appris à avoir confiance en lui, grâce à l'enseignement par imitation, induit par la mère, mais rien de plus.

Votre tâche sera de maintenir sa confiance dans les êtres humains, parmi lesquels il recherchera, étant donné sa position objectivement subalterne, des compagnons de meute mais surtout un guide lui inspirant confiance.

Pour lui, tout est relativement facile car, bien que voyant que nous sommes différents de lui et de ses semblables, il ne nous « pense » pas comme étant différents. Il a presque l'impression que nous faisons partie de son espèce.

Pour entrer en communication avec vous, le chiot a donc besoin que vous appreniez à communiquer avec lui, à comprendre ses états d'âme et ses besoins. Vous devrez donc assimiler à votre tour ses modèles de comportement, pour pouvoir comprendre ses réactions et agir de manière qu'il comprenne ce qu'on lui demande.

Le langage du Pinscher

Ses oreilles, grandes et mobiles, qu'elles aient été coupées ou qu'elles restent entières, lui servent à percevoir les sons et les bruits de différents types. Il les utilise aussi pour exprimer ses différents états d'âme : portées droites, elles expriment sa fierté et ses bonnes dispositions envers son interlocuteur, repliées vers l'arrière ou sur elles-mêmes, elles manifestent la peur et la soumission.

La soumission et la domination sont des comportements associés à une mimique particulière où le sujet dominant se présente dans toute sa fierté, le plus grand possible, la queue et les oreilles droites, alors que le dominé prend une position lui donnant l'air d'être le plus petit possible, les oreilles en arrière. Il finit presque par se coucher sur le dos, montrant ainsi toute sa vulnérabilité pour inhiber l'agressivité du plus fort. Ce modèle de comportement fait partie du bagage cognitif indispensable pour tous les chiens et il est important qu'il soit assimilé dès le plus jeune âge : on évitera ainsi des inconvénients désagréables lorsque l'animal rencontrera des chiens plus grands et plus agressifs.

Malheureusement, la queue du Pinscher est encore ignominieusement amputée, ce qui le prive d'une bonne partie de son potentiel de communication. Toutefois, même amputée, la queue peut donner des indications utiles sur l'état d'âme du Pinscher : portée bas (si elle était entière elle se recourberait entre les jambes jusqu'au ventre) elle indique la peur et la soumission ; portée haut elle signifie la domination, tandis que si elle est en mouvements constants elle exprime l'excitation et la joie.

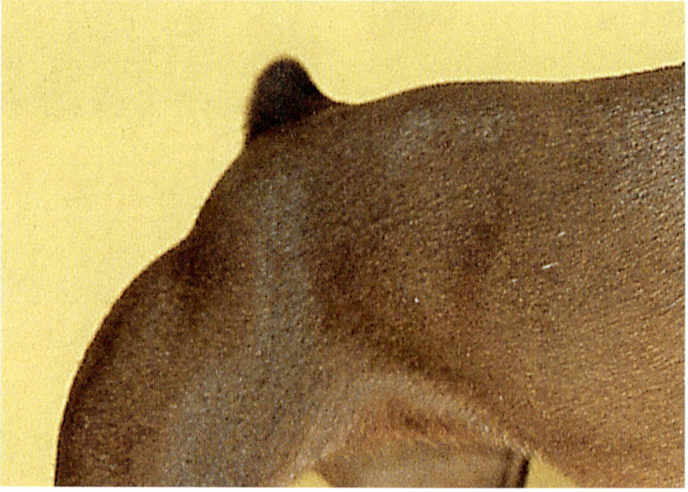

Le chiot

Pendant les huit premières semaines de sa vie, le chiot commence progressivement à découvrir le monde qui l'entoure : la mamelle, le lait, sa mère, les frères avec lesquels il se « bagarre » gentiment depuis la première tétée, la main de l'homme qui le tourne et le retourne dans tous les sens, pour vérifier son état de santé et, enfin, aux environs du vingt-cinquième ou du trentième jour, les premières pâtées.

Ce sont des découvertes progressives qui doivent toutes être accomplies avant le grand saut : l'arrivée dans sa nouvelle maison, avec sa nouvelle « meute ». Ce n'est qu'au bout du deuxième mois, après avoir passé le début de sa vie avec sa mère et ses frères, qu'il aura suffisamment d'assurance pour que la peur de la nouveauté puisse se transformer en curiosité et en capacité d'apprentissage. En effet, pendant ces deux premiers mois, sont jetées les bases de la relation que chaque chien aura avec le monde extérieur. La protection assurée par la mère et le sentiment de sécurité que lui apporte la portée, avec qui il apprend les règles de la vie de groupe, sont fondamentaux. Grâce à ses sensations positives, il deviendra capable d'affronter l'inconnu sans être trop effrayé.

Période néonatale (jusqu'a 12 jours)

Il s'agit d'une phase essentielle du développement du chiot : au moment de la naissance, nous pouvons déjà évaluer son tonus biologique et, en le manipulant et en le soumettant à différents types de stimuli (par exemple en lui coupant les ongles), nous pouvons créer en lui de petits stress physiologiques positifs.

LE TONUS BIOLOGIQUE

Le tonus biologique est un système d'évaluation de la vitalité des chiots qui a été étudié par l'éthologue allemand Eberhard Trumler. Il s'agit d'un test qui doit être effectué à la naissance car les premières minutes de la vie sont représentatives de l'attitude qu'aura le chiot dans l'avenir. Le tonus biologique est évalué grâce à un système de notation simple :

1 point : si le chiot, dès qu'il est libéré de la membrane amniotique, se met à rechercher la mamelle de sa mère ou, même, commence à s'agiter alors qu'il est encore enveloppé de la membrane.

2 points : si le chiot reste étendu quelques instants avant d'entrer en activité.

3 points : si le chiot essaye de rejoindre le corps de sa mère sans arriver à trouver la mamelle et s'il faut qu'on l'approche de la mamelle pour qu'il commence à téter, ou bien s'il tète pendant quelques instants, puis s'arrête.

4 points : s'il est encore plus lent que le précédent. Dans ce cas, il est souvent destiné à mourir rapidement.

Période de transition (13-21 jours)

Le chiot ouvre les yeux, commence à entendre et sa queue se met à bouger. Il faut continuer à toucher les chiens et, si la mère ne proteste pas, leur « présenter » d'autres chiens adultes, en particulier le père.

Période de la prise de conscience (22-28 jours)

Tous les sens fonctionnent désormais et il ne faut absolument pas modifier l'environnement dans lequel vivent les chiots. Évitez surtout de les éloigner de leur mère pendant cette période.

Donnez-leur leurs premiers jouets (des balles, des boîtes ou des tubes dans lesquels ils peuvent entrer et sortir). Dans de nombreux cas, il est possible de leur apprendre à faire leurs besoins sur du papier journal en plaçant, toujours au même endroit, une feuille, que vous renouvellerez pour qu'elle reste propre.

Période de socialisation canine (29-55 jours)

Le chiot prend conscience de son identité de chien et ses premiers comportements de chasse et de jeu se manifestent. Sa mère, qui gronde surtout les dominants, lui enseigne les premiers rudiments de la discipline canine. Il est également réceptif à l'éducation donnée par l'homme : il est donc conseillé de lui mettre un collier et une laisse pour la première fois et de l'habituer au brossage.

Les chiots que l'on éloigne de leur portée avant l'âge de 55 jours sont souvent agressifs, irritants et parfois incapables de reconnaître les chiens comme leurs semblables.

Une évaluation minutieuse

Il peut se révéler particulièrement difficile de choisir un chiot dans une portée surtout s'il s'agit d'une race de très petite taille. Avant de le faire, attendez qu'il ait au moins 50 jours et assurez-vous qu'il est en bonne santé, plein de vie et que sa socialisation avec ses frères et les inconnus est satisfaisante : il ne doit pas rester dans un coin, isolé, ni s'éloigner trop lorsque vous voulez le caresser. S'il le fait, cela signifie probablement qu'il a besoin de rester encore quelque temps en compagnie de sa mère et de ses frères, sous la surveillance de l'éleveur.

Une fois votre première sélection opérée, laissez-vous guider par l'émotion suscitée par le premier impact et choisissez le chiot qui vous semble le plus sympathique sans négliger les précieux conseils de l'éleveur qui, par son expérience, saura vous orienter vers un autre chiot s'il considère que celui que vous avez choisi n'est pas adapté à votre mode de vie.

Une fois votre décision prise, soulevez le postérieur du chiot de quelques centimètres et, le laissant retomber, vérifiez la solidité de ses membres.

Laissez-le encore une quinzaine de jours avec sa mère et ses frères : jusqu'à 2 mois, au moins, le jeu avec les autres chiens de la portée et les enseignements de la mère sont essentiels pour l'affirmation de son caractère.

L'ÉLEVEUR

Les éleveurs constituent une profession un peu atypique. Leur attitude peut sembler étonnante pour un acheteur qui est habitué à rencontrer des vendeurs dont l'objectif est de vendre le plus possible et qui, pour y parvenir, ont l'habitude de vanter leur marchandise et de cacher ses éventuels points faibles.

Il en va tout autrement pour un éleveur de chiens sérieux : tout d'abord parce qu'il ne propose pas un objet mais un être vivant dont il doit s'assurer qu'il trouvera un milieu correspondant le plus possible à ses besoins. En fait, on pourrait presque le comparer à un juge de tutelle qui doit confier un enfant à une nouvelle famille. En deuxième lieu parce qu'il sait que son travail ne se terminera pas avec le départ du chiot pour une nouvelle destination mais qu'il continuera pendant toute la vie du chien.

Expliquez donc à l'éleveur comment est composée votre famille et comment se déroule votre journée. Il comprendra ainsi si votre désir de posséder un chien est compatible avec votre vie et pourra vous indiquer le sujet idéal pour vous. Il saura vous conseiller à propos du sexe, de l'âge et des caractéristiques du chien que vous pourrez choisir.

Comment reconnaître un chiot en bonne santé

Si vous avez choisi d'acquérir votre Pinscher dans un élevage sérieux vous pouvez être assuré qu'il n'aura pas de problème de santé. Quoi qu'il en soit, certains signes évidents peuvent vous aider à déceler des problèmes chez un chiot.

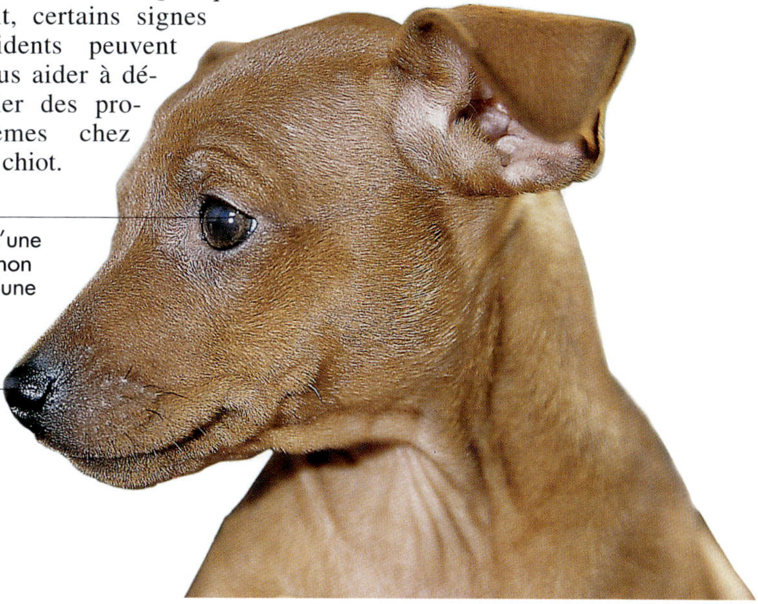

Yeux chassieux : il s'agit probablement d'une inflammation intestinale ; chez les sujets non encore vaccinés cela peut être le signe d'une infection virale

Mucus sur les narines : risque d'inflammation des voies respiratoires hautes ou d'infection par la maladie de Carré

Testicules : si le chiot est un mâle vérifiez que les deux testicules sont descendus dans le scrotum. À deux mois, ils peuvent être encore mobiles mais les deux doivent être présents

Ventre gonflé et tendu : si le chiot ne vient pas de manger, il est probable qu'il a beaucoup de vers. Pustules ou croûtes sur le ventre : cela peut être le signe de la présence de parasites externes (puces ou poux) ou d'inflammation bactérienne de la peau provoquée par une mauvaise hygiène.
La peau qui n'est pas recouverte de poils doit être rose

La robe doit être brillante et pleine d'éclat

Si les membres ne sont pas droits et/ou si les os des métacarpes ou des métatarses présentent des œdèmes importants, cela signifie que l'ossification est très en retard. Attention !

Le **pedigree** (le document décrivant les origines ou arbre généalogique) du père et de la mère constitue un document fondamental qu'il faut consulter avant de se décider à acheter un chien de race. Il contient le nom des ancêtres de votre chiot (jusqu'à la quatrième génération), les titres et les brevets qu'ils ont obtenus.

Vous pouvez également obtenir une attestation de **lecture officielle de radios** de la hanche, c'est-à-dire un certificat prouvant que les parents du chiot ne souffrent pas de dysplasie ou indiquant le degré de gravité éventuelle de cette pathologie héréditaire.

Le **carnet de vaccination** du chiot donne des indications sur les vaccinations pratiquées par un vétérinaire (avec un tampon obligatoire). Dans certains cas vous aurez aussi des informations sur les programmes de vermifugation. À propos de vaccination, l'éleveur peut, bien sûr, proposer un programme, mais c'est votre vétérinaire qui déterminera s'il suivra ces indications ou proposera un nouveau calendrier, en particulier en se fondant sur la nouvelle situation dans laquelle se trouvera le chiot dans son nouvel environnement.

S'il s'agit d'un chiot de race, l'éleveur l'aura sûrement inscrit au **Livre des origines français (LOF)**. Il a dans ce cas rempli plusieurs formulaires :

- le **certificat de saillie** qui aura été daté et signé par les propriétaires de la chienne et du reproducteur dans un délai maximal de quatre semaines à compter de la date de la dernière saillie ;
- la **déclaration de naissance** et la **déclaration d'inscription de portée**. L'éleveur doit, dans les deux semaines qui suivent la naissance, envoyer à la Société centrale canine (SCC) un exemplaire du volet « Déclaration de naissance ». Dès que les chiens sont tatoués, il doit adresser, toujours à la SCC, un exemplaire de la demande d'inscription de portée, le volet « Fichier central de la carte d'identification par tatouage » et le titre de paiement des frais d'inscription et d'établissement des certificats de naissance.

On devra également vous remettre deux documents que nous décrirons plus en détail un peu plus loin :

- un **acte de vente** ;
- une **carte de tatouage**.

LE TATOUAGE

Le tatouage est obligatoire et comporte le numéro d'immatriculation du chien, c'est en quelque sorte sa « plaque » qui permettra de le retrouver s'il se perd. Il peut être effectué à l'intérieur de l'oreille ou de la cuisse. Le numéro d'immatriculation est composé de trois lettres suivies de trois chiffres. Lorsqu'il a procédé au tatouage le vétérinaire remplit une carte d'immatriculation composée de trois volets. Le premier est remis au propriétaire qui doit le renvoyer à la SCC, le second doit être conservé par le propriétaire et le troisième par le vétérinaire.

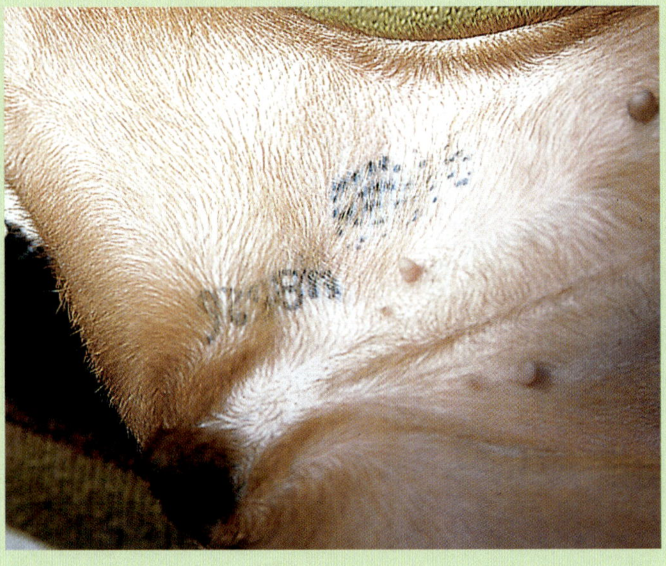

L'ATTESTATION DE VENTE

Les ventes de chiens doivent être accompagnées de la délivrance d'une attestation signée par le vendeur et l'acheteur précisant la date de la vente et de la livraison, l'identité de l'animal et le prix de vente. L'attestation précise également le nom du ou des vétérinaires chargé(s) de procéder au diagnostic lorsque, dans les quinze jours qui suivent la livraison, le chien est atteint (ou soupçonné d'être atteint) d'une des maladies prévues par la loi du 22 décembre 1971 (maladie de Carré ou hépatite contagieuse).

Préparez-vous à l'accueillir

La longue attente va enfin se terminer ! Le chiot que vous avez choisi a maintenant 2 mois et vous pouvez l'amener chez vous, conscient des difficultés qui vous attendent mais heureux parce que votre rêve va se réaliser.

Avant de partir pour l'élevage, vous avez placé sa couche dans un coin isolé de la maison et préparé tout le nécessaire (brosse, gamelle, vieux journaux, couverture, etc.). Vous n'aurez pas oublié de retirer les tapis les plus précieux et vous aurez bien sûr éliminé tous les dangers. Souvenez-vous des conseils de l'éleveur : n'affolez pas votre nouvel animal en poussant des cris et des exclamations à son arrivée, mais accueillez-le en douceur, sans le traumatiser. Le voyage vers l'inconnu sans la compagnie rassurante dc sa mère et de ses frères n'est que le premier d'une longue série de stress que le chiot devra subir avant de s'habituer à son nouvel habitat.

LE MOMENT APPROPRIÉ

Entre la huitième et la onzième semaine, le chiot vit ce que l'on appelle la « période de la peur », qui correspond à sa phase de réceptivité maximale : c'est le moment idéal pour instaurer de nouvelles relations, qui doivent être vécues dans une sérénité totale. Il faut donc essayer de l'amener chez vous pendant cette période, en sachant qu'il s'agit d'un moment particulier pour lui et en évitant de lui infliger de graves traumatismes, par exemple en lui coupant les ergots. En élevage, les chiots sont éloignés de leur mère pendant des laps de temps de plus en plus longs, ce qui leur donne plus d'assurance et leur permet d'acquérir une certaine conscience d'eux-mêmes. Les chiots qui mordent exagérément leurs frères ou les mains de ceux qui les manipulent doivent être fortement inhibés.

À l'élevage

L'éleveur vous attend, souriant un peu de votre émotion : n'ayez pas honte, il reconnaît probablement en vous les sensations qu'il a vécues la première fois qu'il a reçu un chiot et qu'il vit sûrement à nouveau à la naissance de chacune de ses portées. Il a certainement préparé tous les documents nécessaires et un peu de la nourriture habituelle du chiot (de manière à éviter de brusques changements d'alimentation les premiers jours). Le chiot a probablement été nourri cinq ou six heures avant le départ afin qu'il ne souffre pas pendant le voyage en voiture.

Le voyage en auto

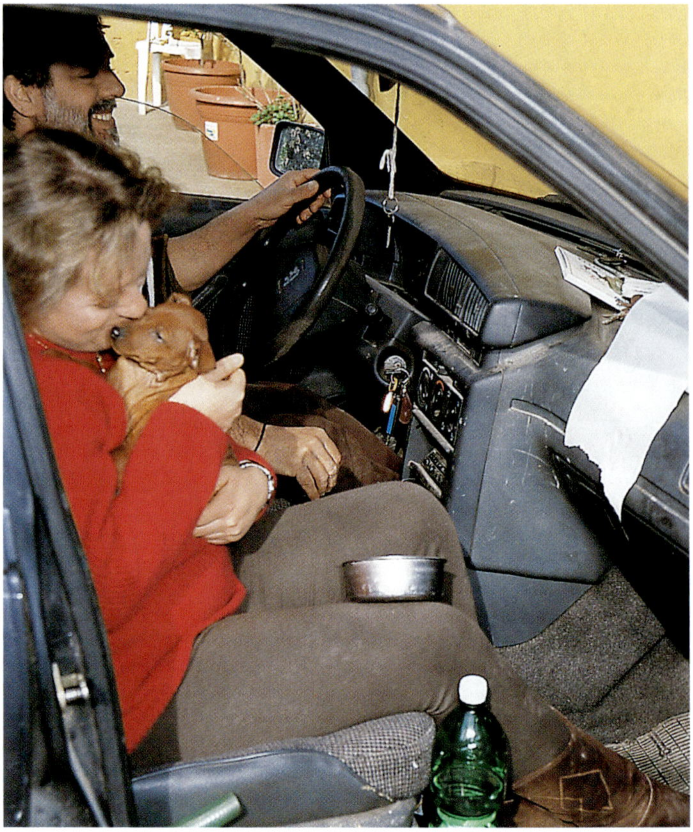

Vous avez pensé à prendre une couverture, une gamelle, une bouteille d'eau, un rouleau de papier absorbant et de vieux journaux. Vous avez même prévu une cage de transport, même si, du fait de la taille réduite de votre chien, il est peu probable que vous l'utilisiez : en effet pour le rassurer, il est préférable que la personne qui ne conduit pas le prenne dans ses bras. En fait cette cage n'est utile que si vous êtes seul : dans ce cas, fixez-la bien au siège avant et essayez de maintenir le contact avec le chiot en le caressant à travers les grilles de la porte.

Si le voyage est long, donnez-lui à boire de temps en temps, arrêtez-vous et laissez-le se dégourdir les pattes, loin des sources de danger ou de bruit qui pourraient l'épouvanter.

LA CAGE DE TRANSPORT

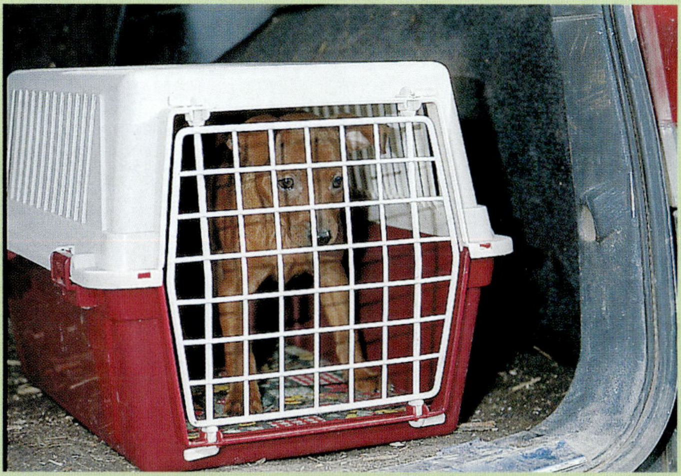

Pour le chien, la cage de transport est un endroit agréable et tranquille, une sorte de tanière isolée où il peut passer quelques heures, loin de ces humains un peu envahissants qui veulent sans cesse le caresser ou lui faire faire quelque chose (dressage, jeu, promenades...).

Un chien habitué à la cage de transport est plus calme lorsqu'il voyage en voiture, comme s'il amenait avec lui, sur cet étrange véhicule automobile, un peu de sa maison.

Une cage de transport est également très utile lorsque, pendant un voyage, il faut dormir à l'hôtel. S'il y est habitué, vous pourrez le laisser dans la chambre sans craindre qu'il ne provoque des désastres.

L'arrivée dans sa nouvelle maison

Mettez-vous à sa place pendant quelques instants : il vient de quitter sa maison, sa mère et ses frères. On l'a placé dans une boîte étrange où il a été un peu secoué, enfermé dans une cage ou dans les bras d'un parfait inconnu. Au bout d'un certain temps, on l'a fait entrer dans un nouvel endroit où des mains immenses se sont tendues vers lui. Oh ! elles ne lui ont pas fait mal, bien sûr ! mais elles semblent tellement menaçantes ! Il est donc de votre devoir de tout faire pour le mettre à son aise. Pour commencer, évitez de l'accueillir tous ensemble et avec des manifestations d'affection exagérées.

Laissez-le ensuite libre d'explorer son nouvel environnement pour qu'il puisse s'habituer aux odeurs qu'il ne connaît pas. N'intervenez (avec beaucoup de douceur) que s'il fait quelque chose de dangereux pour lui.

Le premier jour

Ne vous énervez pas s'il fait ses besoins car cela constitue souvent un bon signe : en effet, un chiot ne veut jamais laisser son odeur dans un endroit qu'il considère comme dangereux. Nettoyez le sol comme si de rien n'était. Si vous ne voulez pas qu'il entre dans une pièce, évitez de lui dire « non » immédiatement ou de le déplacer pendant qu'il essaie de comprendre où il se trouve. Il est préférable de faire en sorte que l'accès de ce lieu lui soit interdit : il détournera son attention et reprendra son exploration ailleurs.

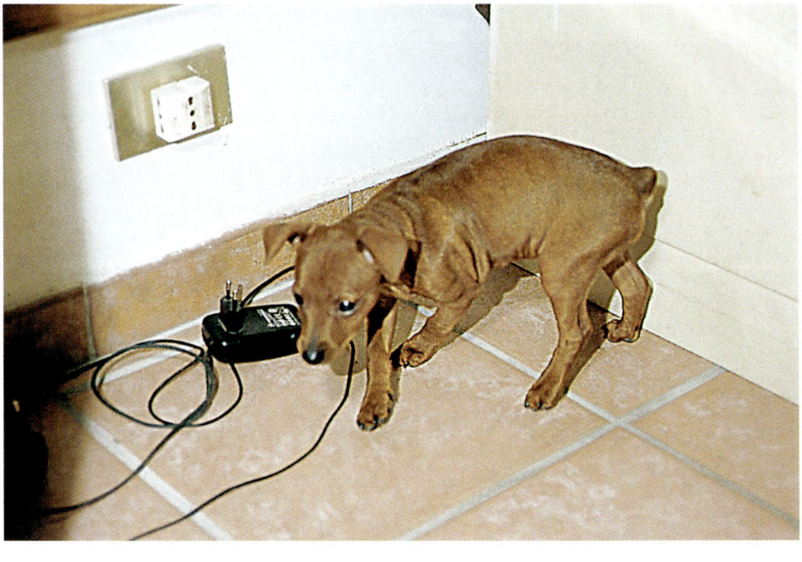

Pour éviter les problèmes ou des peurs inutiles, débranchez les fils électriques des prises, de manière à éviter qu'il ne les morde ou qu'en se prenant dans les fils il ne fasse tomber la lampe ou le téléviseur qui y sont branchés.

Placez dans un coin de la maison une cage de transport dans laquelle vous aurez mis des jouets à lui et une fois qu'il y est entré, caressez-le en lui faisant comprendre que c'est un endroit qui lui est destiné.

Donnez-lui de l'eau fraîche : le stress occasionné par le voyage et son arrivée dans sa nouvelle maison lui aura sûrement donné soif. En outre, le petit chien percevra ce geste comme une première attention amicale de votre part.

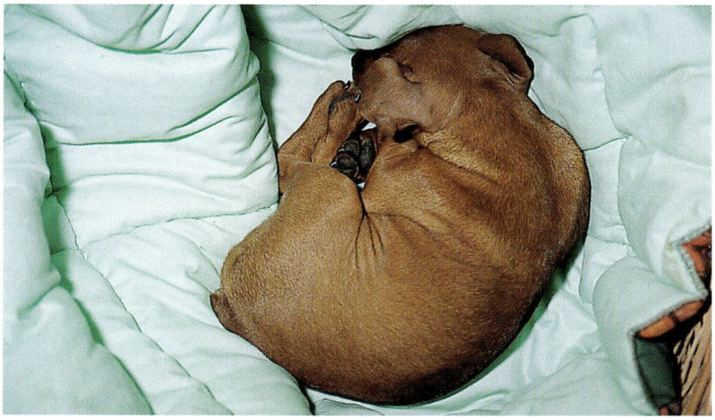

Une fois la phase d'exploration terminée, il s'allongera sur une surface moelleuse : approchez-vous alors de lui et caressez-le doucement en évitant de lui procurer de nouveaux stimuli.

La première nuit

La première nuit est un des moments les plus délicats dans la vie du chien. Il est probable que le chiot sentira l'absence de sa mère et de ses frères : ne l'abandonnez pas sur le balcon et ne l'enfermez pas dans la salle de bains. Placez sa couche près de votre lit et aidez-le à s'endormir. N'oubliez pas qu'il s'agit d'un chien de compagnie, sélectionné pour rester auprès de vous et que vous l'avez choisi précisément pour ces caractéristiques.

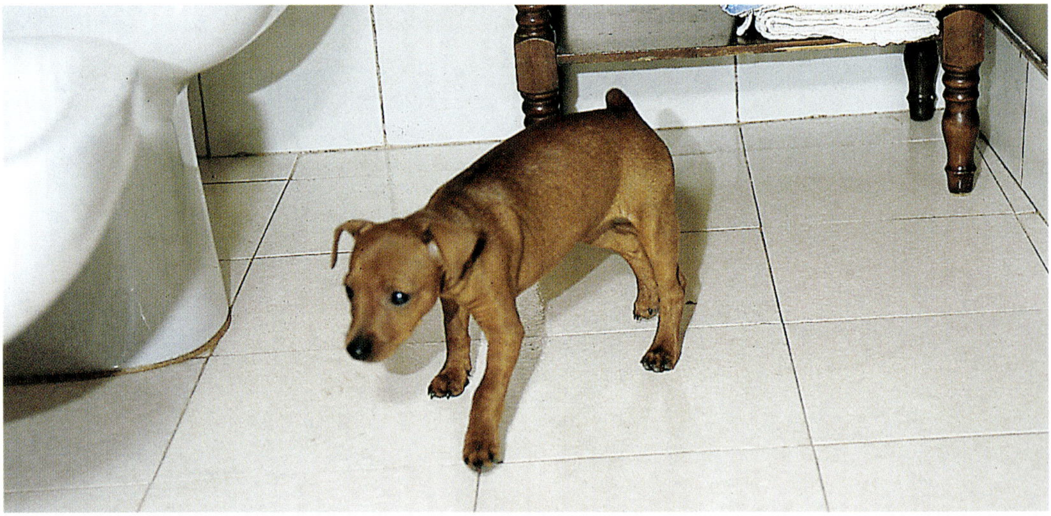

UN COMPORTEMENT ANORMAL

Un chiot qui ronge un objet ou un vêtement manifeste toujours un problème. Ce comportement peut être dû à des problèmes de dentition, mais, le plus souvent, c'est le symptôme d'une tension qui se manifeste presque toujours lorsque le chiot ne se sent pas aimé mais seulement toléré. De la sorte, l'animal essaie d'évacuer sa tristesse. La seule solution consiste à modifier votre attitude à son égard en lui consacrant plus de temps et en jouant avec lui, afin qu'il se sente accepté. Attention toutefois, un chien adulte particulièrement gâté peut également se comporter ainsi. Dans ce cas aussi son comportement est une manière d'évacuer sa névrose, provoquée par une position indue dans l'échelle hiérarchique du groupe dans lequel il vit.

LE CHIOT CHEZ LE VÉTÉRINAIRE

Quarante-huit heures après l'arrivée du chiot chez vous, emmenez-le faire une visite de contrôle pour vérifier qu'il ne présente pas de défauts que vous n'auriez pas notés. Cela constitue également une garantie pour l'éleveur qui voit ainsi confirmer par un expert son propre professionnalisme. Il faut toutefois prendre un certain nombre de précautions :

– tout d'abord demander un rendez-vous pour éviter des heures d'attente inutiles, stressantes à la fois pour vous et pour le chiot dans un endroit nouveau avec des chiens inconnus ;
– pendant que vous attendez votre tour, gardez le chiot dans vos bras, car le programme de vaccinations n'étant pas terminé, il est préférable de ne pas l'exposer à des contacts présentant des risques, malgré l'attention que les vétérinaires portent généralement à la prévention sanitaire à l'intérieur de leurs locaux.

Comment soulever le chiot

Ne soulevez jamais le chiot par les membres antérieurs, les ligaments de l'épaule et du coude pourraient en souffrir.

Utilisez les deux mains et attrapez-le sur les côtés du thorax ou bien placez une main entre les membres postérieurs et l'autre main sous le thorax.

Attention aux mauvais mouvements

L'ossature et les muscles du Pinscher sont bien proportionnés par rapport à sa taille, mais il ne faut pas oublier qu'il reste un chien « miniature ». Il sera fragile toute sa vie, mais il l'est tout particulièrement lorsque c'est encore un chiot. Il ne faut donc pas trop l'encourager lorsqu'il saute ou court à perdre haleine. Son ossature est encore en cours de formation et trop de sauts depuis le canapé ou des changements brutaux de direction ou de vitesse risquent d'être dommageables pour lui et, en particulier, pour ses

membres antérieurs et l'articulation de l'épaule et du coude. En outre, il faut éviter toutes les positions qui l'obligent à rester les coudes trop ouverts, surtout lorsqu'il mange : les premiers mois, soulevez légèrement la gamelle de sorte que, pour manger, il se contente de baisser le cou en gardant bien droites ses deux pattes avant.

La première pâtée

Dès le début, apprenez à votre chiot qu'il faut manger correctement, sans se jeter sur la gamelle. Attendez donc quelques secondes avant de lui donner le feu vert.

Ainsi, il mangera plus lentement en mâchant les aliments ce qui est très utile pour ses dents, les muscles de sa face et l'appareil digestif, qui ne recevra pas la masse alimentaire en une seule fois.

Hygiène et propreté à la maison

Votre Pinscher est un chien qui passe la plupart de son temps sur votre canapé et sur votre lit : pourquoi donc ne pas lui demander d'accepter les normes d'hygiène auxquelles nous nous sommes adaptés ? Il est vrai que des bains trop fréquents, en particulier s'ils sont effectués avec des shampooings non appropriés, risquent d'abîmer la texture naturelle de son poil, mais un lavage une fois par mois ne peut pas lui faire de mal. Il est conseillé également de le brosser tous les jours, ce qui constituera par ailleurs une excellente occasion pour contrôler rapidement son état de santé. Ce sera aussi une manière de prendre soin de lui qu'il appréciera beaucoup car, en le lavant et en le brossant, vous le cajolerez et jouerez avec lui.

Il est impératif qu'il ait été habitué dès son plus jeune âge à être lavé et brossé et que, dès le début, il vive cette situation comme un jeu agréable.

Le bain

Mouillez avec de l'eau tiède le corps du chien et après l'avoir savonné, rincez-le attentivement avant de passer à la tête et aux oreilles. Il est possible de donner un bain à un chiot de 2 mois : l'important est de le garder dans un endroit chaud et de ne pas le

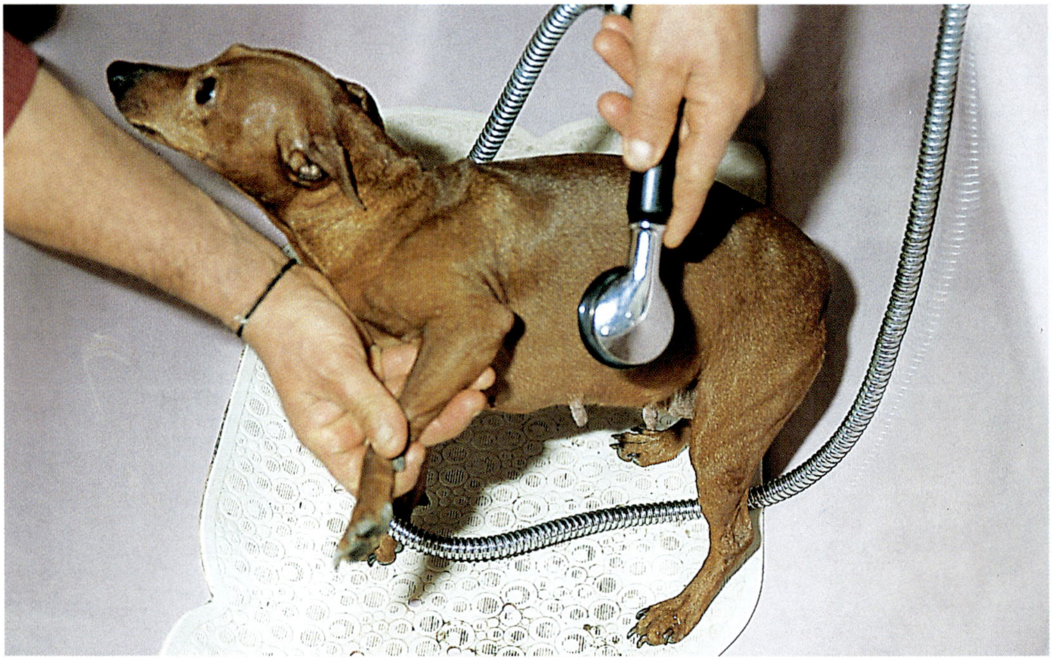

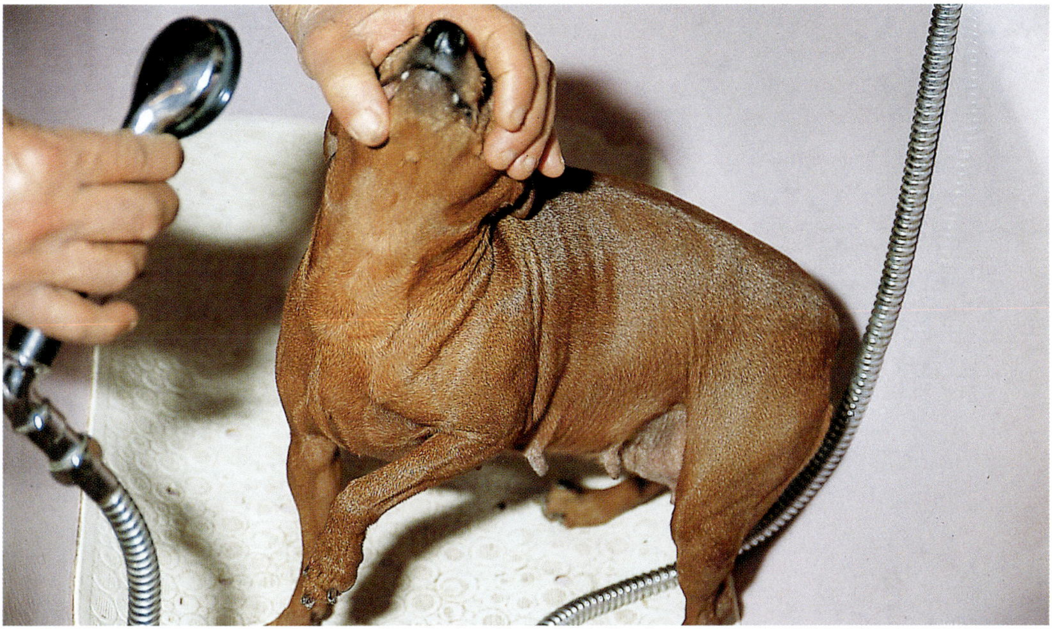

sortir de la maison tant qu'il n'est pas sec.

Dans le cas des chiots, en particulier, il faut veiller à ne pas faire entrer d'eau dans les oreilles, pour éviter des otites qui seront difficiles à guérir. Dans tous les cas, il est conseillé de ne pas utiliser le jet de la douche pour les premiers lavages de la tête d'un chiot. Servez-vous plutôt d'une éponge imbibée d'eau et de shampooing : vous éviterez ainsi de l'effrayer et d'avoir ensuite à lutter chaque fois que vous voulez le laver. Le bain doit être un moment de joie, une des nombreuses manières pour l'homme et le chien de se retrouver.

Une fois qu'il aura été lavé et rincé, aidez-le à éliminer l'eau en lui soufflant délicatement dans les oreilles : il sera alors pour vous plus simple et plus facile de le sécher.

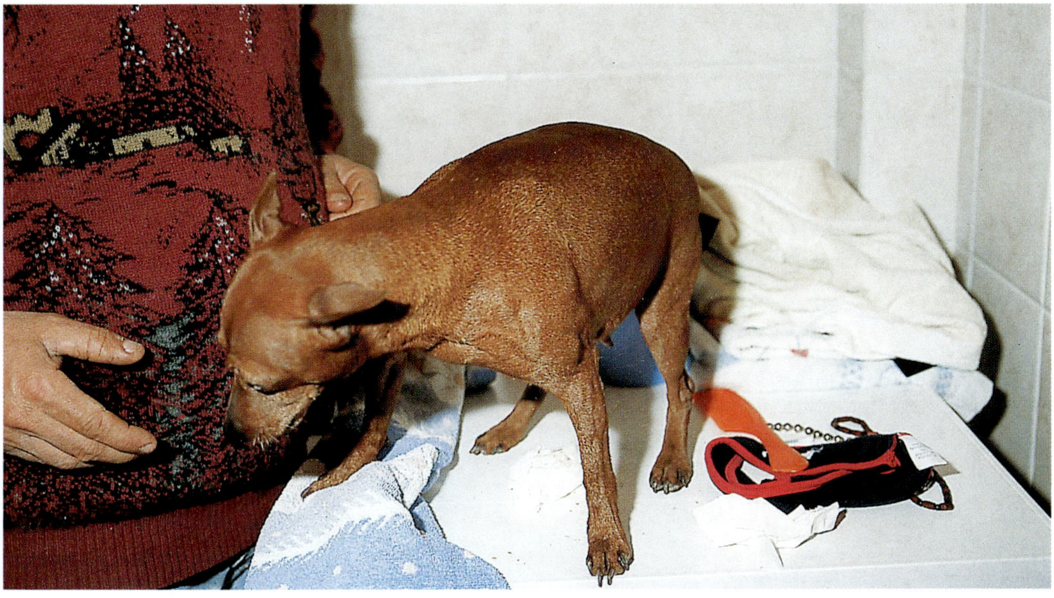

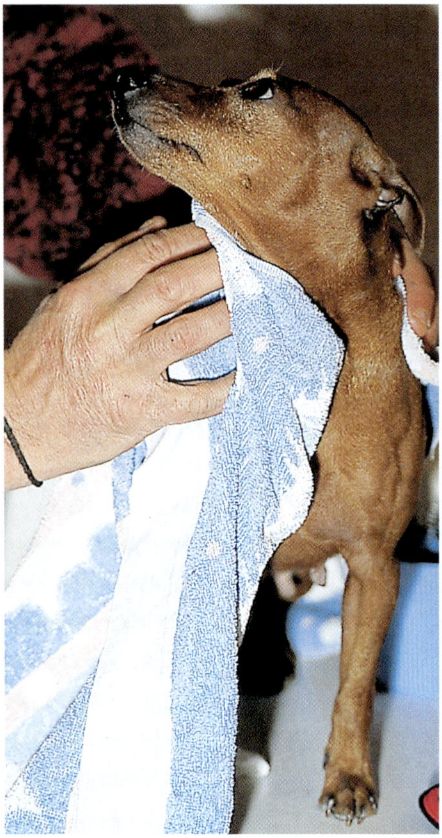

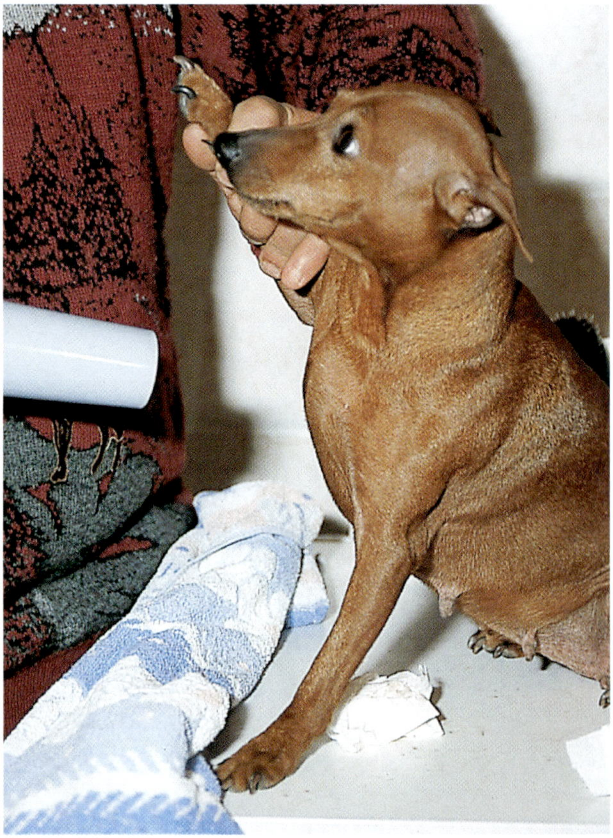

Frottez-le bien avec une serviette-éponge dans le sens du poil et à contre-poil pour sécher le sous-poil ; à la bonne saison, il peut être suffisant de laisser le chien se sécher au soleil, mais lorsqu'il fait plus froid, il est préférable de le sécher avec un sèche-cheveux.

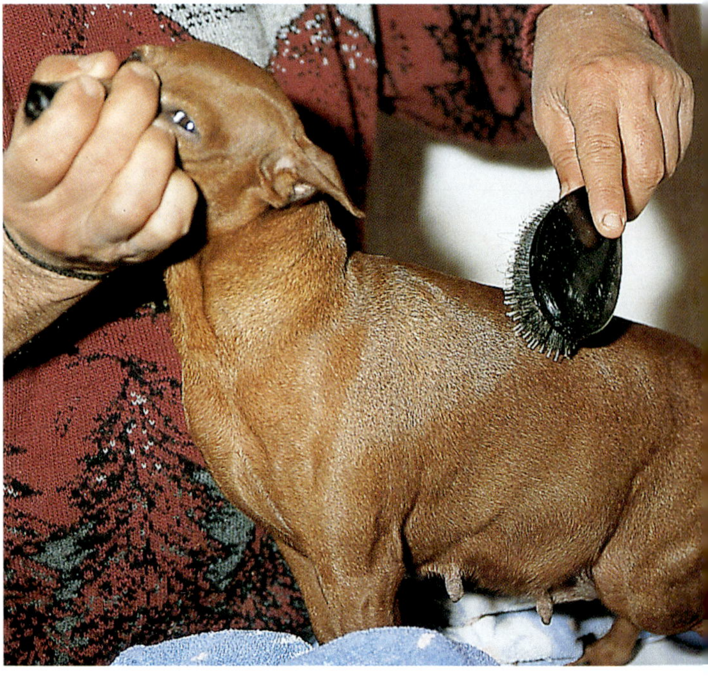

Brossage quotidien

Tous les jours, passez sur le corps de votre Pinscher une brosse à poils durs puis une brosse du type brosse à habits. Ensuite, imbibez légèrement un chiffon doux avec de l'eau et du baume et passez-le dans le sens des poils, sur tout le corps : de la sorte, sa robe apparaîtra souple et brillante.

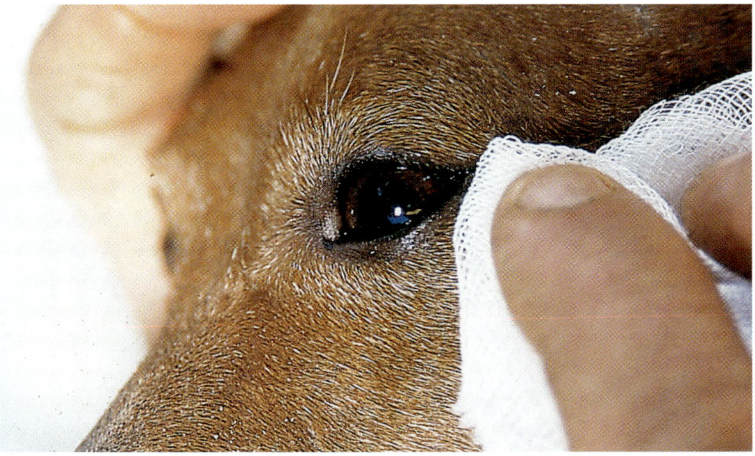

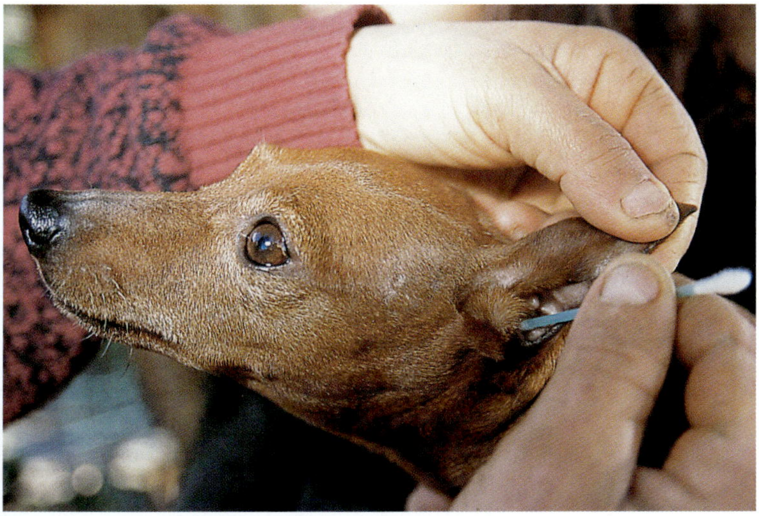

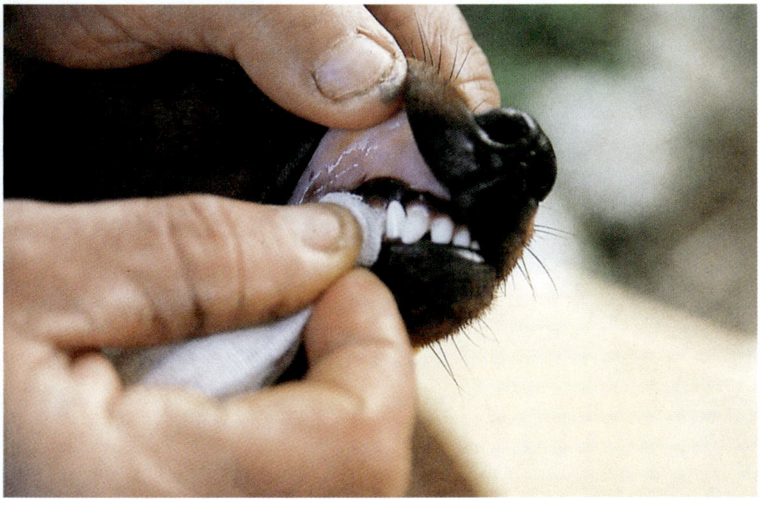

Les soins périodiques

Les soins périodiques comprennent le contrôle des yeux, des oreilles et des dents.

La conjonctive des yeux ne doit pas être rouge et le coin intérieur de l'œil doit toujours être bien propre. L'idéal pour le nettoyage des yeux est une gaze imbibée d'eau boriquée si vous ne constatez pas de rougeur.

Les oreilles doivent être contrôlées le plus souvent possible, surtout si le chien a passé une journée en plein air. Vous pouvez utiliser une gaze humide imbibée d'eau ou bien un Coton-Tige : attention, toutefois, il s'agit de nettoyer l'oreille et non pas de repousser le cérumen en profondeur.

L'hygiène dentaire du chien est très importante, non pas tant pour l'usage qu'un chien domestique fait de ses dents, mais pour la santé globale de la bouche. Des dents saines signifient en effet des gencives saines, il faut donc les contrôler et les nettoyer régulièrement. Comment procéder ? En donnant à votre chien un os à ronger (les os artificiels conviennent parfaitement) pour favoriser l'élimination du tartre et en nettoyant ses dents une fois par semaine, avec une brosse ou un linge propre.

COMMENT LUI COUPER LES ONGLES

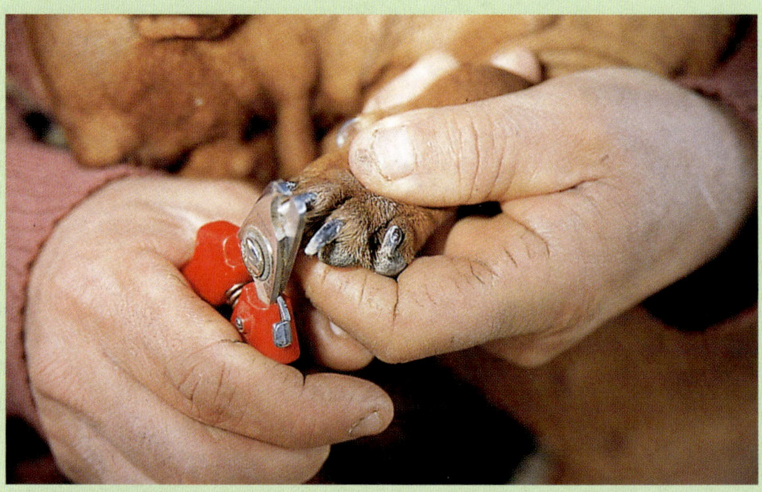

Creuser le sol n'est pas uniquement un jeu pour lui, c'est aussi une action, dictée par l'instinct, qui permet au chien de limiter la pousse de ses ongles.

Toutefois, un Pinscher qui vit en ville n'a guère l'occasion de le faire d'une manière autonome. Il faudra alors intervenir directement avec un coupe-ongles spécial pour chien. Ce n'est pas compliqué, mais il faut être très prudent pour ne pas toucher la racine de l'ongle et ne pas faire mal au chien qui, dans ce cas, risquerait de refuser qu'on lui touche les pieds par la suite. Si vous ne vous sentez pas assez habile, confiez cette tâche à un expert.

Où doit-il faire ses besoins ?

Apprenez immédiatement à votre Pinscher à faire ses besoins sur un journal placé à proximité de la porte d'entrée. Dès que vous vous rendez compte qu'il est sur le point de faire ses besoins, amenez-le sur la feuille de papier et une fois qu'il se sera libéré caressez-le. Ses excréments sont si petits que s'il vit avec une personne âgée qui ne sort jamais, il pourra utiliser le journal comme « toilettes » tout au long de son existence.

Toutefois, si vous décidez qu'il doit apprendre à faire ses besoins dehors, au bout d'une quinzaine de jours, supprimez le journal et chaque fois que vous remarquez qu'il semble avoir envie de faire ses besoins (il recherche le journal, tourne sur lui-même en flairant par terre dans le coin où se trouvaient les feuilles...), sortez-le immédiatement, en le prenant éventuellement dans vos bras.

Lorsqu'il fait ses besoins à l'extérieur aussi, il est préférable de nettoyer ses traces : il s'agit d'une simple règle de savoir-vivre, indispensable aujourd'hui, compte tenu du nombre de chiens vivant dans nos villes. Pour nettoyer, vous pouvez utiliser des petites pelles qui sont vendues dans le commerce ou, plus simplement, un gant en plastique jetable, qui tient facilement dans une poche.

Le Pinscher idéal

QU'EST-CE QUE LE STANDARD ?

Le standard est la description précise de l'aspect morphologique des chiens appartenant à une race déterminée. Il définit l'aspect général, la conformation de la tête, la constitution du corps, le type de robe, le mouvement mais aussi le caractère et les aptitudes.

Il s'agit en fait de la description d'un modèle idéal de chien qui constitue un instrument de référence pour les éleveurs ainsi qu'une manière de mieux connaître les caractéristiques générales de ce qui constitue la « typicité » d'une race donnée.

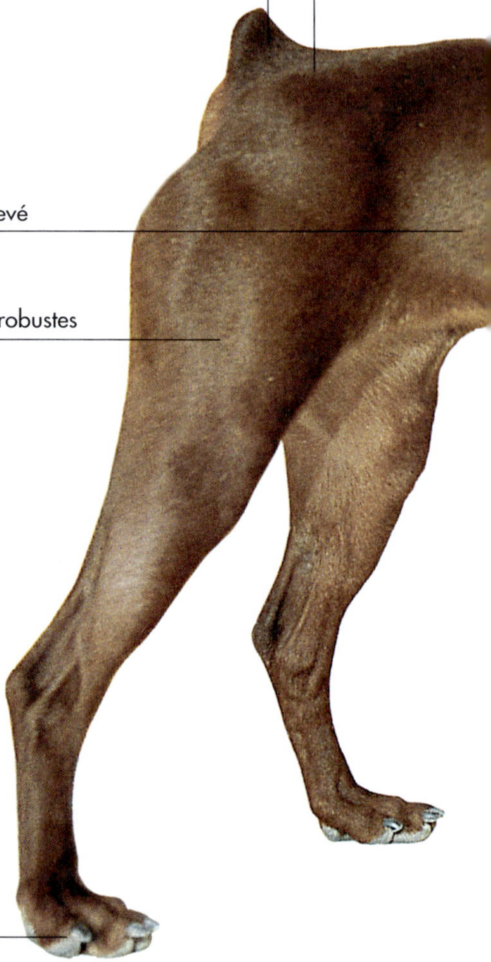

Le corps et l'aspect général

Le Pinscher et le Zwergpinscher (Pinscher nain) sont pratiquement identiques, seuls le poids et la hauteur les différencient. Le standard du Zwergpinscher est ainsi défini dans le chapitre « Aspect général » : « Le Pinscher nain est un modèle réduit du Pinscher allemand, exempt de tout défaut de nanisme. » Le tronc est compact et la longueur totale du tronc correspond environ à la hauteur au garrot.

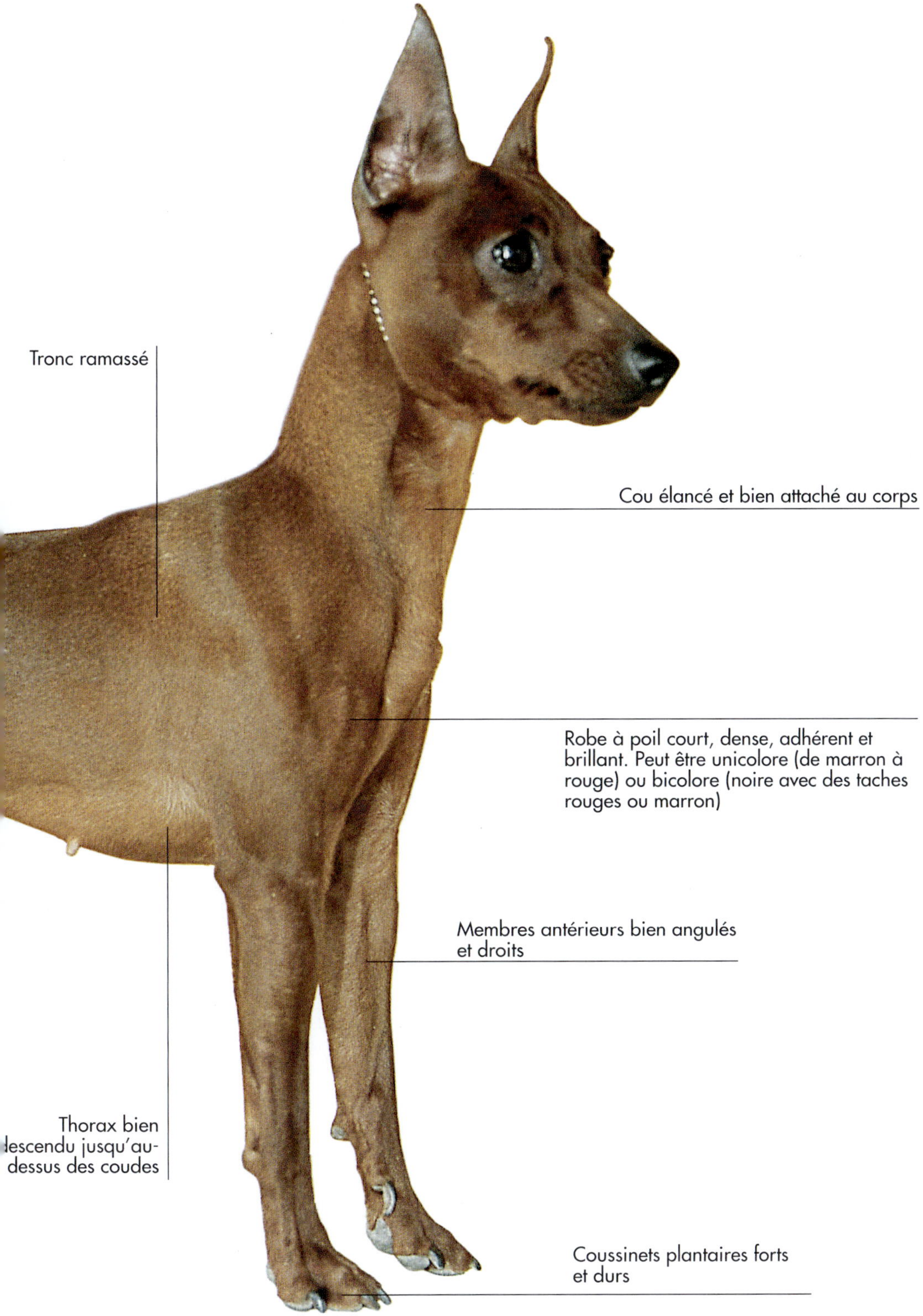
Tronc ramassé
Cou élancé et bien attaché au corps
Robe à poil court, dense, adhérent et brillant. Peut être unicolore (de marron à rouge) ou bicolore (noire avec des taches rouges ou marron)
Membres antérieurs bien angulés et droits
Thorax bien descendu jusqu'au-dessus des coudes
Coussinets plantaires forts et durs

LA TAILLE

Zwergpinscher : hauteur de 25 à 30 cm, poids de 4 à 6 kg.
Pinscher : hauteur de 45 à 50 cm, poids de 13 à 16 kg.

L'instrument utilisé pour mesurer la hauteur au garrot est le cynomètre que vous voyez utilisé ici sur un Pinscher. En général, étant donné les variations du terrain et l'impossibilité d'avoir toujours un chien placé de la manière la plus correcte, on effectue trois mesures dont la moyenne constitue la hauteur au garrot.

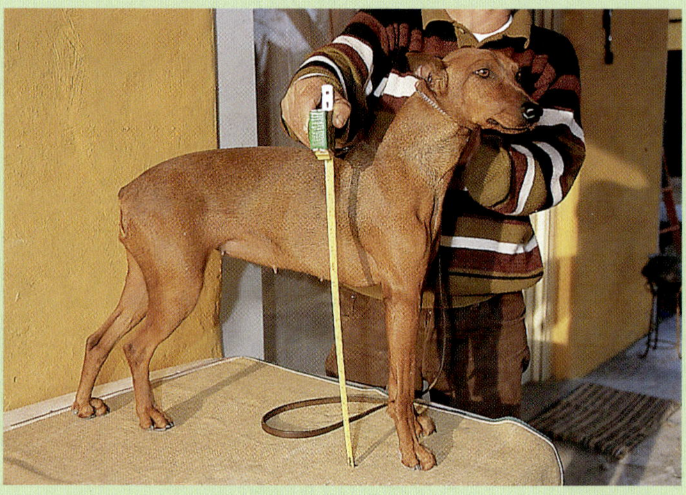

La tête

La tête du Pinscher est robuste et ne doit pas présenter de signes d'infantilisme mais donner immédiatement une impression de fierté et de noblesse. Les axes crânio-faciaux sont parallèles et la longueur totale de la tête est exactement la moitié de la longueur du tronc (rapport 1 / 2).

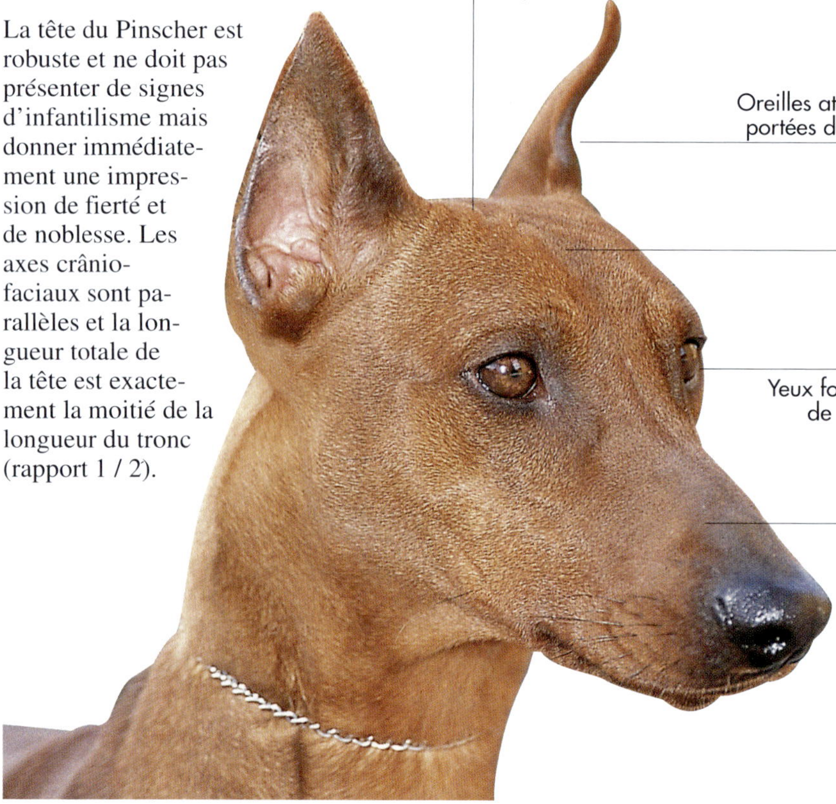

LES TYPES DE FERMETURE

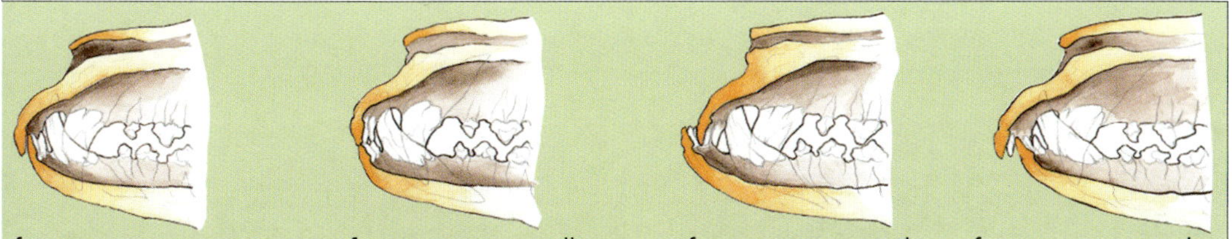

fermeture en ciseaux — fermeture en tenaille — fermeture prognathe — fermeture énognathe

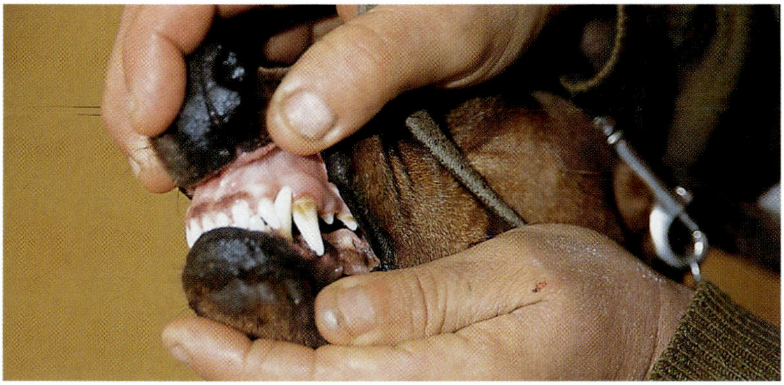

Les dents

La dentition est complète et avec un articulé en ciseau.

Les oreilles

Le standard approuvé par la FCI en juillet 2000 ne permet plus de couper les oreilles, elles doivent donc être naturelles.

LA QUEUE

Selon le nouveau standard FCI de 2000, la queue doit être « naturelle » (la caudectomie est interdite en Allemagne, le pays d'origine de cette race). La FCI admet les chiens à queue coupée dans les pays où cette pratique n'est pas interdite. Ils doivent être jugés à égalité.

Nous pouvons seulement ajouter que l'amputation de la queue est moins traumatisante que celle des oreilles. En effet, elle s'effectue le premier jour de la vie du chiot et l'on pense qu'elle n'a pas d'effets douloureux sur le chien. En revanche, l'amputation des oreilles est effectuée lorsque celles-ci ont déjà une forme définitive, c'est-à-dire après le sixième ou le huitième mois, ce qui provoque chez le chien un traumatisme que l'on ne saurait considérer comme négligeable.

Les membres

Les membres du Pinscher sont forts, dotés d'une bonne ossature et de muscles robustes et longs. Les aplombs doivent être parfaitement parallèles et les coudes près du thorax.

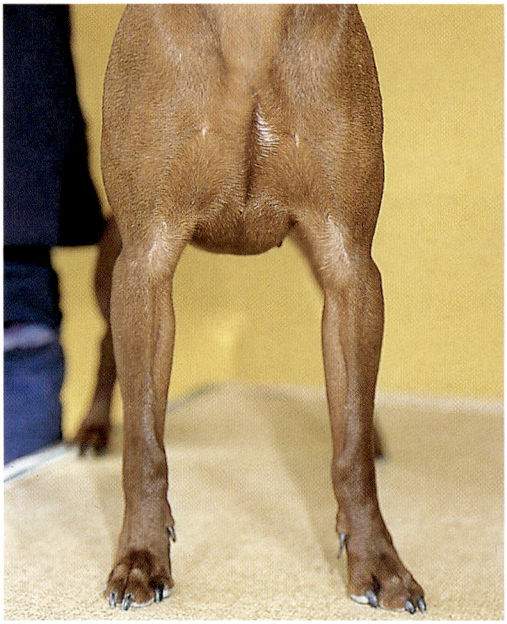

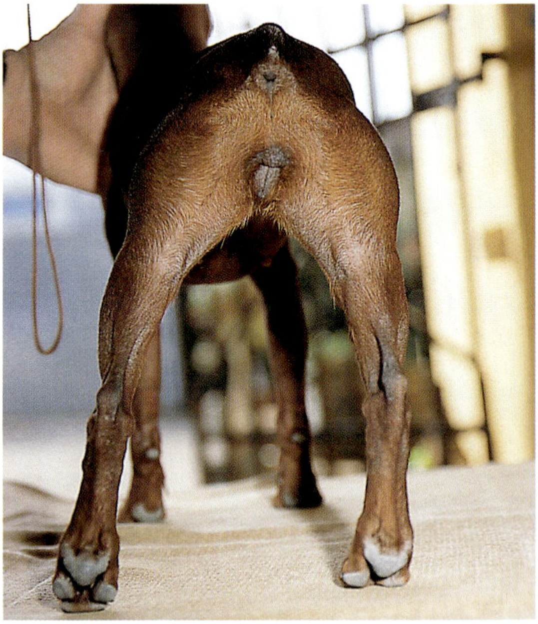

LE MOUVEMENT

Le Pinscher est un trotteur. En mouvement, son échine reste solide et assez ferme. Le mouvement est harmonieux, sûr, puissant et non retenu avec un pas d'une bonne longueur. Selon le standard FCI 2000 « Le Pinscher est un trotteur. Dans le mouvement, le dos reste ferme et relativement calme. Le déroulement du mouvement est harmonieux, énergique, franc et dégagé ; les enjambées sont étendues. Le trot typique est allongé, souple et coulant ; la poussée est bonne et l'extension des antérieurs est franche. »

Éveillés, d'un tempérament vif, pleins d'assurance et fiables, les Pinschers et Zwergpinschers sont des chiens de compagnie agréables, pouvant parfaitement vivre en famille et qui savent établir un rapport équilibré avec les enfants. On peut dire que le Pinscher allemand est plus agressif et a un caractère plus marqué que le Zwergpinscher et qu'il a, compte tenu de ses dimensions, une vocation plus prononcée pour la garde.

L'ÉDUCATION DE BASE

Éduquer votre chien est une des tâches principales auxquelles vous devrez vous consacrer si vous voulez tirer le plus de joie possible de cette relation avec le meilleur ami de l'homme. Un sujet désobéissant qui va où il veut et fait toujours ce qu'il veut peut être un compagnon idéal pour un solitaire mais s'adaptera mal au mode de vie moderne. Mais surtout, il faut savoir que le chien n'aime pas vivre dans l'anarchie la plus totale. Il sait qu'il est faible et vulnérable, exposé à de nombreux risques contre lesquels seul l'homme qui l'accompagne peut lutter. En fait, s'il accepte d'apprendre, ce n'est pas uniquement pour faire plaisir à son ami humain, mais il est important pour lui de savoir que nous sommes capables de lui enseigner quelque chose, c'est-à-dire que nous savons entrer en relation avec lui et comprendre ses problèmes et ses difficultés, bref, que nous sommes des personnes fiables.

Votre chien acceptera donc de se promener en laisse, il courra vers vous lorsque vous l'appellerez, s'assiéra ou ramènera un objet que vous lui avez lancé uniquement si vous l'avez aidé à entrer en relation avec vous et avec les objets qui vous entourent. Vous ne l'aurez pas ainsi transformé en « chien de cirque » ; tout au contraire, vous aurez instauré entre vous une relation positive.

LE CHOIX DU NOM

Il est essentiel de donner immédiatement un nouveau nom au chien. Son pedigree mentionne un nom, solennel, et probablement anglais. Nous vous conseillons d'en choisir un bref, facile à prononcer et surtout immédiatement compréhensible pour lui. D'autre part il est important qu'il ne puisse pas le confondre avec celui d'autres membres de la famille : si, chez vous, quelqu'un s'appelle Marie, évitez d'appeler le chien Harry, par exemple. Ne lui donnez pas non plus un nom ressemblant à un mot utilisé communément ou bien proche du nom de sa race. Il est important que les voyelles ne soient pas semblables. Par exemple, dans le cas d'un Pinscher, ne l'appelez jamais Pinchi ou Pik. En revanche, vous pourrez parfaitement l'appeler Pak ou Puk : ainsi il n'accourra pas ou n'attendra pas quelque chose chaque fois que vous prononcerez le nom de sa race. Caressez-le et appelez-le par son nom dès le début et dès que vous le nourrirez : il apprendra rapidement que vous vous adressez à lui.

Le rappel

Comment appeler votre nouvel ami ? « Viens ici » est le premier ordre que vous devez lui apprendre et que vous prononcerez à voix bien haute. Si vous voyez qu'il n'a aucune envie de répondre et qu'il continue à fouiller dans la terre ou à courir, répétez cet ordre au moment où il se dirige vers vous. Une fois qu'il est arrivé à vos côtés, couvrez-le de caresses et donnez-lui une petite récompense.

Pour l'aider à mieux comprendre cet ordre, « viens ici », vous devez jouer sur sa peur d'être abandonné. Cachez-vous derrière un buisson et appelez-le : il vous cherchera éperdument et dès qu'il vous aura aperçu, il courra à toute vitesse vers vous. Répétez alors le nom et l'ordre et lorsqu'il s'approchera de vous, ne lésinez pas sur les caresses et donnez-lui une récompense.

■ LES PREMIERS « NON ! »

Lorsque vous vous rendez compte qu'il fait quelque chose de « mal », approchez-vous de lui et dites-lui « non ! » d'un ton sec et péremptoire en l'attrapant par la peau du cou et en le secouant légèrement comme le faisait sa maman lorsqu'elle voulait lui apprendre à ne pas faire certaines choses.

Félicitez souvent votre chiot. Il a en effet besoin de renforcer sa confiance en lui et vos compliments lui feront comprendre que vous êtes content de lui et que ce qu'il apprend est très important.

Les premières promenades avec laisse et collier

Le collier et la laisse constituent les premières grandes contraintes de sa vie. S'il est très petit, il n'aura probablement pas l'habitude d'avoir « une corde au cou ». Alors qu'il est à la maison et que vous jouez avec lui, passez-lui le collier et, tout en jouant, tirez un peu pour qu'il le sente.

La première sortie en laisse risque de provoquer certains problèmes : ne vous laissez surtout pas intimider. Si le chien connaît déjà le collier, il doit ensuite considérer la laisse comme un prolongement de la main de son maître, comme un symbole d'un lien d'amitié et de confiance.

Si vous remarquez qu'il a beaucoup de mal à vous obéir, éloignez-vous de lui, toujours

en le tenant en laisse, et faites en sorte qu'il vienne vers vous en lui offrant une de ses friandises préférées : rapidement il apprendra à marcher à vos côtés. Ce qui compte c'est de ne pas se décourager et de rester ferme dans votre décision de lui faire accepter la laisse et le collier : il comprendra qu'il n'y a pas d'issue et il s'adaptera.

Les chiens jouent-ils ? Certainement. Cela est particulièrement vrai pour les chiots, qui jouent entre eux, mais ce l'est également pour les adultes, lorsqu'ils se livrent à des formes rituelles de lutte, servant surtout à confirmer la hiérarchie au sein de la meute. Une fois que, de cette manière, ils auront vérifié qui est le plus fort, il serait inutile de risquer des affrontements sanglants potentiellement dangereux, y compris pour le vainqueur.

Les chiots, eux, lorsqu'ils jouent, simulent la réalité et lorsqu'ils poursuivent un de leurs frères, un chiffon à la bouche, ils s'entraînent et se préparent à la poursuite de la proie. Ils apprennent donc les techniques d'attaque, par exemple sauter un obstacle et bondir sur quelque chose. En essayant de défendre « bec et ongles » un jouet qu'ils considèrent comme leur appartenant contre les assauts de leurs frères, ils assimilent les techniques de défense. En jouant, les chiots ne se font pas mal, car ils « font semblant ». En outre, la mère, toujours vigilante, est prête à intervenir lorsque les couinements du vaincu ne sont pas écoutés par ses frères qui continuent à s'acharner sur lui.

Le jeu étant par conséquent un élément essentiel de l'apprentissage, pourquoi ne pas adapter cette technique ? Chaque séance de dressage se transformera en un vrai moment plaisant où les ordres « assis ! », « couché ! » et « viens ! » ne seront plus considérés comme des contraintes mais comme un jeu auquel le chiot devra prêter toute son attention.

Un bon éducateur est donc celui qui sait enseigner et non pas celui qui veut à tout prix imposer ses idées. C'est celui qui sait travailler comme s'il jouait, mais, en même temps, est capable de communiquer au chiot que ce qu'il fait est très important. Attention, pourtant : n'oubliez pas que les capacités de concentration du chiot sont très réduites : il ne faut donc pas être trop exigeant. Ne consacrez pas au dressage du petit plus de deux ou trois séances quotidiennes, de cinq minutes chacune, au maximum.

Une fois qu'il a atteint l'âge de 4 mois, le chiot est capable de mieux se concentrer et donc d'apprendre autrement. Il ne s'agira plus seulement d'associations d'idées, il commencera vraiment à comprendre ce que vous voulez de lui. Ne l'obligez jamais à répéter une action contre sa volonté et passivement mais essayez de jouer sur sa volonté de vous plaire et sur son besoin naturel d'être « occupé ». N'oubliez pas que, dans la nature, chacune de ses actions aurait une finalité bien précise : il se déplace pour manger et recherche en permanence sa place dans l'échelle hiérarchique, pour se reproduire s'il est dominant ou pour coopérer avec la meute, si c'est un subalterne.

La conduite en laisse

Si avant ses 4 mois, vous demandez juste que votre chiot marche avec une laisse sans tirer ni se faire tirer, lorsqu'il atteindra l'adolescence, il faudra commencer à exiger plus de lui. Lorsque vous vous promènerez, le chien devra savoir marcher à vos côtés au point de faire oublier sa présence, la laisse n'étant jamais tendue.

Pour le lui apprendre, il faudra faire preuve de beaucoup de douceur, en lui parlant ou en produisant des petits bruits qui attirent son attention. Ne tirez brièvement et sèchement sur la laisse jusqu'à ce qu'il revienne à vos côtés, qu'en ultime recours, pour le faire obéir.

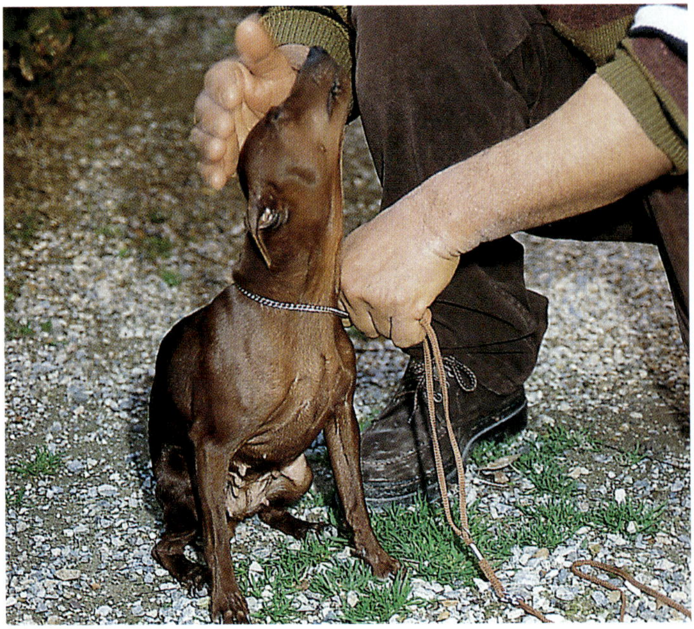

Assis

L'ordre « assis ! » est très important, surtout si vous voulez que votre chien soit capable de cesser de courir à perdre haleine pour rester tranquillement à côté de vous pendant que vous lisez votre journal dans un parc. Il existe deux méthodes pour le lui apprendre : la première, la plus « douce », qui permet de jouer avec lui, nécessite l'utilisation d'une friandise que vous tiendrez au-dessus

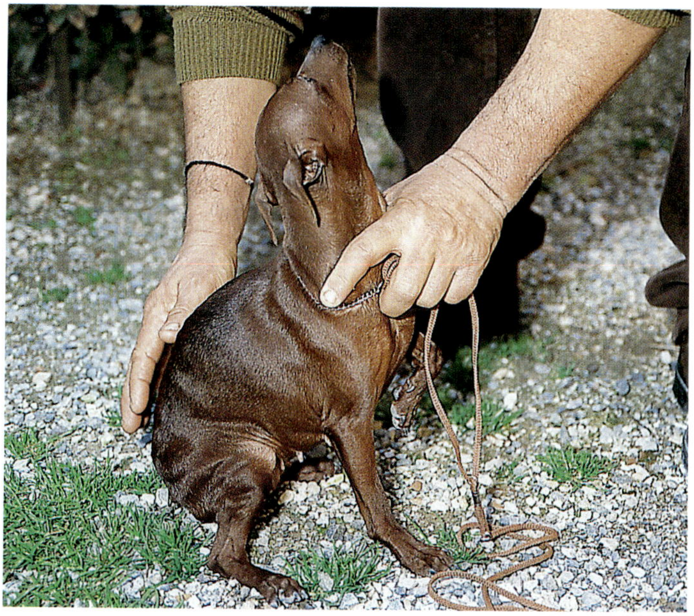

de sa tête et que vous lèverez chaque fois qu'il essaiera de l'attraper en répétant « assis ! ». Ne comprenant pas ce que l'on veut exactement il s'assoira probablement : félicitez-le alors et donnez-lui la friandise en le cajolant.

Si le chien est réfractaire à cette méthode ou s'il s'agit d'un sujet d'exposition (dans ce cas la friandise servira à le faire rester debout aux aguets) il faudra éliminer la friandise de l'exercice. Vous devrez alors l'aider à s'asseoir en mettant une main sous son menton et en poussant son postérieur vers le bas de l'autre main posée sur sa croupe en répétant « assis ! ». Dans ce cas aussi, une fois que vous aurez atteint l'objectif, n'oubliez pas de le féliciter et de le cajoler.

Couché

Le fait de répondre à l'ordre « couché ! » représente pour le chiot une inhibition extrêmement forte de ses instincts. Cette fois encore, il faut faire preuve de douceur et d'astuce : aidez-le à s'étendre lorsqu'il est assis en tirant doucement vers l'avant et vers le sol ses pattes antérieures tout en lui disant « couché ! ». Félicitez-le dès qu'il aura pris la position voulue.

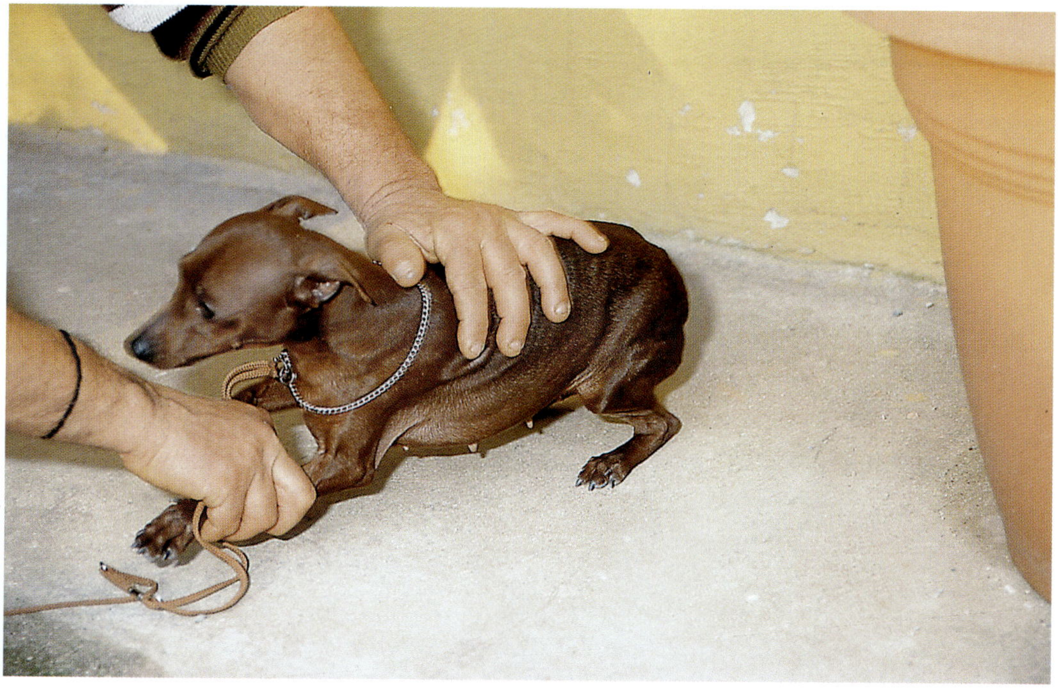

L'ALIMENTATION

L'alimentation est un facteur clé du développement physique et psychique d'un chien. Malgré les innombrables variations sur le thème et le grand nombre de modèles comportementaux, le chien a, en fait, gardé beaucoup de l'animal « sauvage » dont il descend (et pas seulement dans sa structure physique).

Commençons alors par essayer de comprendre ce qu'est pour lui la nourriture en nous posant une question simple : pourquoi les chiens sont-ils toujours affamés ? Dans la nature, la satisfaction de ce besoin primaire est très complexe : étant donné que l'ancêtre du chien était un prédateur, il dépendait directement de la présence des proies qui, bien entendu, essayaient de ne pas se faire prendre. Aussi, avant de réussir à se saisir d'une proie, il pouvait passer des journées entières en mouvement, la faim l'incitant à rester actif et concentré. Ce souvenir ancestral est resté fixé chez le loup, devenu chien, ne serait-ce que parce que la structure de son appareil digestif n'a pratiquement pas changé. En effet, l'estomac et l'intestin du chien sont capables de recevoir de grandes quantités de nourriture en une seule fois et de supporter de longs jeûnes ou des repas frugaux, à base de baies et de végétaux (d'ailleurs indispensables pour leur apport en vitamines et en sels minéraux).

Voyons maintenant comment nourrir au mieux un Pinscher, sachant qu'il n'est pas particulièrement difficile de nourrir ce chien de petite taille car le développement de toutes les parties de son corps est harmonieux et ne nécessite pas d'attentions particulières.

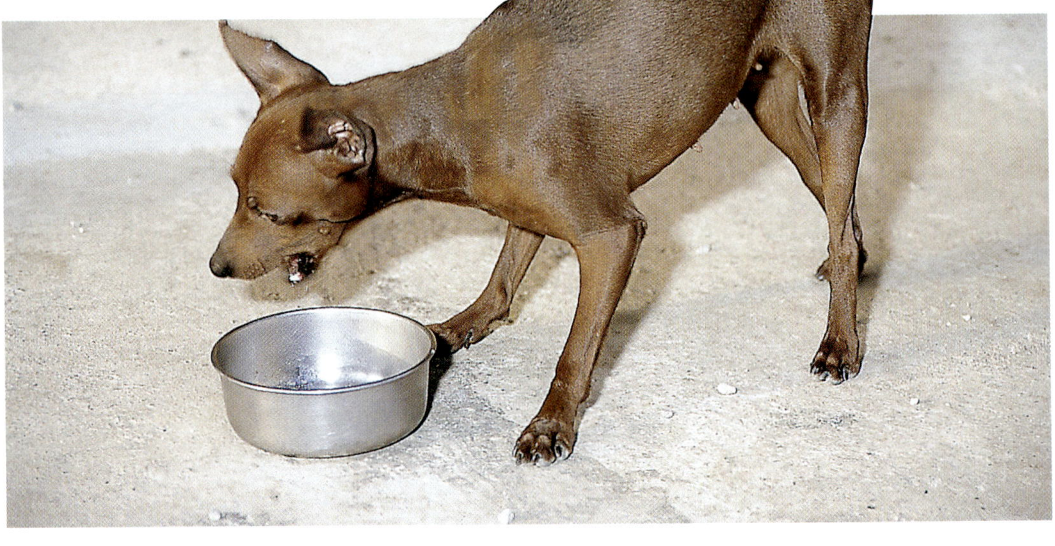

LES REPAS PENDANT LA PHASE DE CROISSANCE

Heures des repas	8	12	16	20
de 2 à 4 mois	■	■	■	■
de 5 à 8 mois	■	■		■
de 9 à 18 mois	■			■

Les quatre repas quotidiens prévus initialement pour le chiot lui permettent de mieux assimiler, tout au long de la journée, les aliments utiles à sa croissance. Par la suite, lorsque le chien est un peu plus grand, on peut subdiviser la quantité de nourriture quotidienne en trois repas, puis en deux, jusqu'à 18 mois. Ensuite, on peut sans problème passer à un seul repas quotidien même si tous les chiens adultes apprécient particulièrement un « petit en-cas » matinal. De toute façon, ne croyez pas ceux qui soutiennent que le chien ne doit manger qu'une fois par jour : il suffit de ne pas exagérer et de bien équilibrer les deux repas pour éviter l'obésité, très répandue chez presque toutes les races canines. En outre, il est important de ne pas donner à manger au chien immédiatement avant un effort physique mais quelques heures plus tôt.

N'oubliez pas, au moins jusqu'à ce qu'il ait atteint l'âge de 5 mois, de soulever légèrement la gamelle pour éviter que le chiot prenne une position avec les coudes écartés qui pourrait, plus tard, gâcher l'aplomb des antérieurs et rendre le mouvement moins aisé.

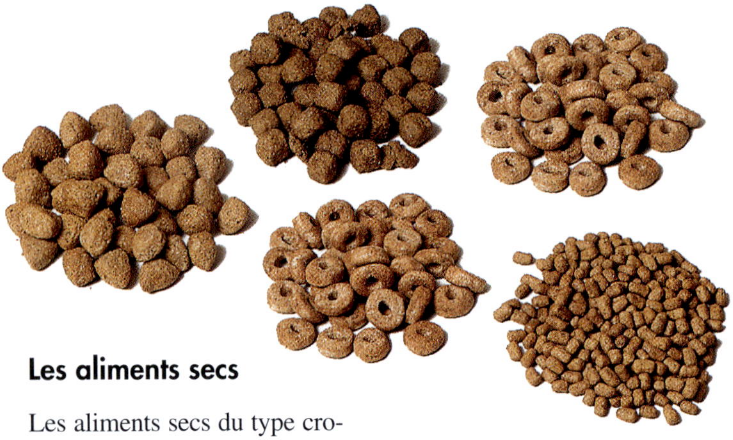

Les aliments secs

Les aliments secs du type croquette sont à l'heure actuelle les plus utilisés. Faciles à conserver et très commodes, ils obligent le chien à mâcher lorsqu'il mange. Ils sont parfaits pour les chiens de petite taille car ils contiennent en petites quantités tous les principes nutritifs indispensables. On trouve dans le commerce différentes marques toutes de bonne qualité, préparées spécifiquement pour les chiots, les jeunes chiens, les adultes, les chiens âgés ou souffrant de surcharge pondérale. Sur tous les emballages on pourra trouver la composition et la quantité à administrer quotidiennement.

Une fois le repas terminé, n'oubliez pas de mettre à la disposition du chien une grande quantité d'eau fraîche car ces aliments secs donnent soif.

La pâtée maison

Si vous voulez préparer personnellement la nourriture de votre chien, il faudra tout d'abord éviter les restes de repas trop riches en graisses cuites et en condiments. Vous devrez étudier pour lui un programme nutritionnel le plus équilibré possible. Il n'est pas nécessaire que chaque repas contienne tout ce dont votre chien a besoin. Le loup, dans la nature, mange un jour de la viande, un autre, les abats des animaux, y compris les végétaux contenus dans l'estomac des herbivores, un autre jour encore des baies puis, après une certaine période de jeûne peut-être, des souris ou des volatiles.

Étant donné les fortes similitudes entre l'appareil digestif du loup et celui du chien, on peut en conclure que les repas que vous préparez pour lui pourront être un jour à base de viande, un autre à base de légumes et un autre encore à base de fruits et de viande. Ce qui compte c'est que les légumes soient mixés soigneusement pour briser la paroi cellulaire et les rendre plus digestes. Avec ce type d'alimentation, on peut donner au chien des os crus car les légumes facilitent le passage dans l'intestin et évitent la formation de dangereuses occlusions intestinales. En outre, les os, qui ne sont jamais complètement nettoyés, peuvent remplacer un repas, occuper le chien pendant un long moment et surtout lui fournir un apport équilibré en calcium et phosphore.

En ce qui concerne les vitamines et les sels minéraux, nous vous recommandons de consulter des publications plus spécifiques ou de vous référer aux conseils d'un vétérinaire. Le vétérinaire vous aidera à contrôler la croissance du chien et déterminera si, compte tenu de l'activité motrice du chien, l'alimentation que vous lui donnez est suffisante ou risque de provoquer une surcharge pondérale.

LES ALIMENTS TOUT PRÊTS

Presque tous les aliments tout prêts, qu'il s'agisse de croquettes ou de pâtées en boîtes, sont, à l'heure actuelle, d'excellente qualité. Ils sont à la fois digestes et nourrissants. En outre, ils sont équilibrés et comportent des éléments minéraux et des vitamines nécessaires pour le chien.

Les différentes composition en protéines, hydrates de carbone, graisses, vitamines et minéraux vous permettent de choisir l'aliment le plus approprié en fonction de la saison, de l'activité et de l'âge de votre Pinscher.

Ces aliments sont particulièrement commodes lorsque le chien est nourri en dehors de chez vous et lorsque vous voyagez : on peut en trouver partout et ils sont faciles à conserver.

L'eau indispensable

Il faut toujours que le chien ait à sa disposition une gamelle d'eau fraîche, surtout s'il mange des aliments secs et en été, en particulier après une activité physique.

Les produits laitiers

Le lait, le yaourt et tous les fromages frais sont des aliments complets et de grande qualité auxquels le chien doit être progressivement habitué. Le lait peut être administré tous les jours et faire partie du repas du matin, à condition d'en tenir compte dans le calcul des rations quotidiennes. En outre, une ou deux fois par semaine, vous pourrez lui donner du fromage à la place d'un repas.

Les aliments sucrés

Pour un petit chien comme le Pinscher, les aliments sucrés, et en particulier les chocolats, doivent être bannis car ils sont très nocifs pour son petit foie. Par exemple, s'il s'aperçoit que vous mangez un chocolat, ne lui en donnez pas. En revanche, vous pourrez avoir à portée de main un biscuit pour chien que vous lui donnerez afin qu'il ne se sente pas exclu et frustré.

Si ce grand gourmand, défaut qu'il partage avec tous les chiens, réussit à vous convaincre… faites une entorse à la règle et donnez-lui un morceau de ce que vous êtes en train de manger en signe d'affection mais veillez à ce que cela ne se transforme pas en habitude, car cela pourrait lui nuire gravement.

CAUSES DE L'OBÉSITÉ

Alimentation à base de restes	Manque d'exercice physique
Animaux stérilisés	Anomalies du métabolisme
Âge avancé	

PROBLÈMES DUS À L'OBÉSITÉ

Problèmes circulatoires et respiratoires
Difficultés motrices et problèmes articulaires (par exemple arthrite)
Multiplication des problèmes cutanés
Aggravation des risques anesthésiques et chirurgicaux
Risques de diabète plus importants
Risques de maladies hépatiques accrus

LA SURCHARGE PONDÉRALE

C'est un problème qu'il n'est pas facile de résoudre surtout pour une race miniature comme le Pinscher. Avec le régime le plus équilibré possible, votre petit chien risque d'être toujours affamé surtout lorsqu'il vous voit manger ou ouvrir un paquet de bonbons. Vous attendrissant avec ses grands yeux implorants, il réussira à vous arracher un biscuit après l'autre et jour après jour vous risquez de le voir « gonfler » sans compter qu'il s'expose ainsi à des problèmes plus importants, surtout si, dès son plus jeune âge, il commence à avoir des problèmes de poids surchargeant son appareil squelettique, problèmes qui sont caractéristiques des races de petite taille.

La surcharge pondérale et l'obésité ne constituent jamais un signal positif pour un animal. La surcharge pondérale est presque toujours provoquée par une mauvaise alimentation (ou une nourriture trop abondante) et par un manque d'exercice. En revanche, l'obésité peut être la conséquence de pathologies liées à des dysfonctionnements hormonaux et métaboliques. Dans le deuxième cas, il faut absolument recourir à un vétérinaire alors que pour un chien trop gros il suffit d'un peu de bon sens et de quelques efforts de la part du chien (rations moins abondantes) et des personnes qui vivent avec lui. Pour l'aider, vous devrez :

- être moins paresseux et l'emmener plus souvent se promener ;
- cesser de céder à ses regards implorants, lorsque vous mangez. Vous pouvez, en revanche, diviser en deux parties sa ration quotidienne et l'étaler ainsi dans la journée en deux fois. Il est possible également de mettre à sa disposition un petit os qui l'occupera pendant que vous serez à table ;
- corriger l'alimentation de votre chien avec des régimes hypoprotéiques mais bien équilibrés du point de vue de l'apport en vitamines et en minéraux de manière à lui assurer un niveau optimal d'énergie en évitant un excédent calorique.

L'exercice physique est absolument nécessaire à la santé du Pinscher et, étant donné que cela constitue une condition essentielle de sa bonne forme, nous abordons ce sujet avant de traiter de la santé. En effet l'exercice physique est indispensable à son bien-être aussi bien physique que psychologique. En ce qui concerne son bien-être physique, il n'y a pas grand-chose à ajouter si ce n'est que l'exercice est fondamental pour le bon fonctionnement de la « machine animale ».

D'un point de vue psychologique, l'exercice physique doit être associé à une relation directe avec vous. Même s'il dispose d'un immense jardin, votre chien, une fois son exploration quotidienne terminée, préférera rester paresseusement allongé sur sa couche plutôt que de continuer à faire de l'exercice, sans motivation. En effet, dans la nature, un animal sauvage se déplace pour trouver de la nourriture ou pour migrer périodiquement vers des endroits où il trouvera un habitat plus favorable à sa survie. N'ayant plus besoin de chasser parce qu'il trouve sa nourriture dans sa gamelle, ni de chercher des endroits au climat plus adapté parce qu'il vit en votre compagnie (et, s'il se déplace, il le fait avec vous et grâce à votre aide), le chien, en particulier celui qui n'a pas d'amis congénères, perd toute motivation. Vous devrez donc être son aiguillon : seule votre présence peut l'inciter à jouer et à faire de l'exercice à la maison ou à l'extérieur. Consacrez-lui donc une partie de votre temps libre : cela vous fera d'ailleurs autant de bien qu'à lui.

La santé

La santé de votre Pinscher dépendra en grande partie de vous, de votre capacité à comprendre qu'il ne va pas bien et à lui assurer un habitat sain, en particulier en respectant certaines règles d'hygiène.

Sans tomber dans l'exagération, car les chiens sont dotés d'un système immunitaire plus puissant que les êtres humains, il faudra apprendre à le défendre contre les parasites internes et externes et éviter tout ce qu'il peut trouver de dangereux dans un environnement où l'homme intervient parfois avec une certaine imprudence. Il faudra, d'autre part, que vous sachiez contrôler son état de santé général avant de courir chez le vétérinaire en proie à la panique à la moindre alerte.

Son habitat

En fouillant le sol et en entrant en contact avec d'autres chiens (dans les jardins publics, pendant les expositions, etc.) votre chien risque d'attraper des parasites internes ou externes. Mais, rassurez-vous, il est presque toujours possible de les éliminer. Par ailleurs, il est possible de pré-

venir l'apparition des parasites internes grâce à l'administration périodique de vermifuges (tous les six mois) et pour ce qui est des parasites externes, nous vous conseillons l'utilisation de produits préventifs spécifiques lorsque vous le lavez.

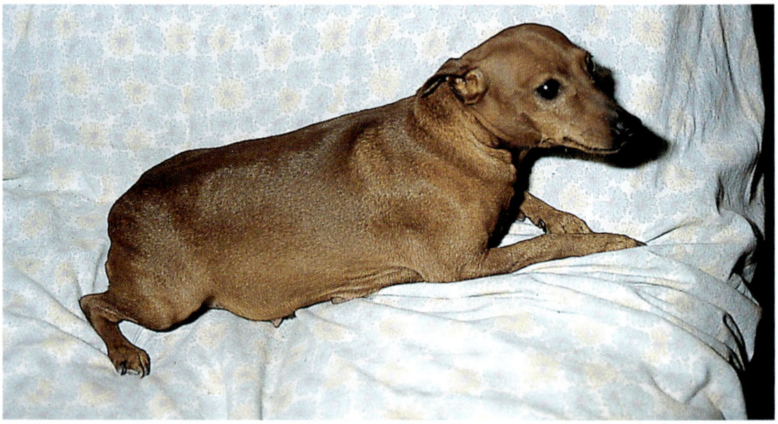

Comment comprendre qu'il ne va pas bien

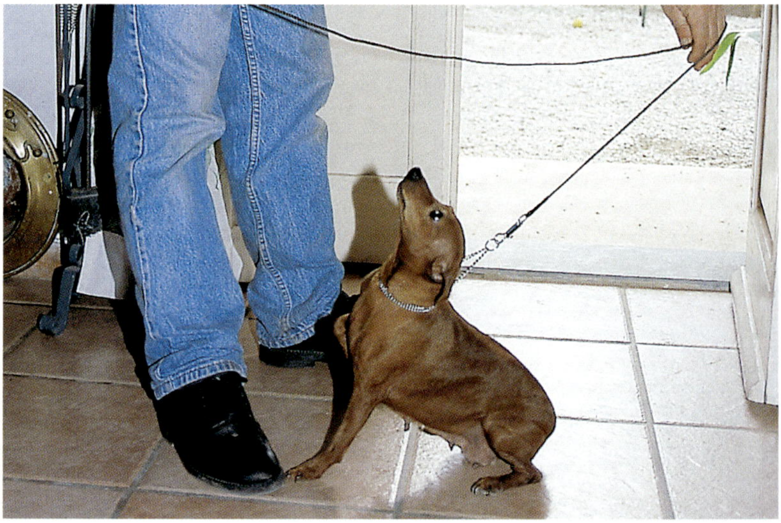

Malheureusement, le Pinscher ne parle pas et ne peut pas vous dire s'il a mal au ventre, s'il a envie de vomir ou s'il souffre d'autres problèmes. Il faut donc que vous soyez capable de déceler une situation de malaise en observant son comportement tout en évitant de paniquer face à certains symptômes, reflétant souvent des phénomènes physiologiques normaux. Vous pourrez penser que quelque chose ne tourne pas rond si votre ami reste allongé sur le canapé ou dans un coin isolé, les oreilles repliées en arrière, le regard éteint, et si, lorsque vous l'appelez, il se contente de lever la tête ou de bouger les yeux.

On peut considérer également que ce n'est pas un bon signe si à la vue de la laisse, il se montre apathique et n'a aucune envie de sortir.

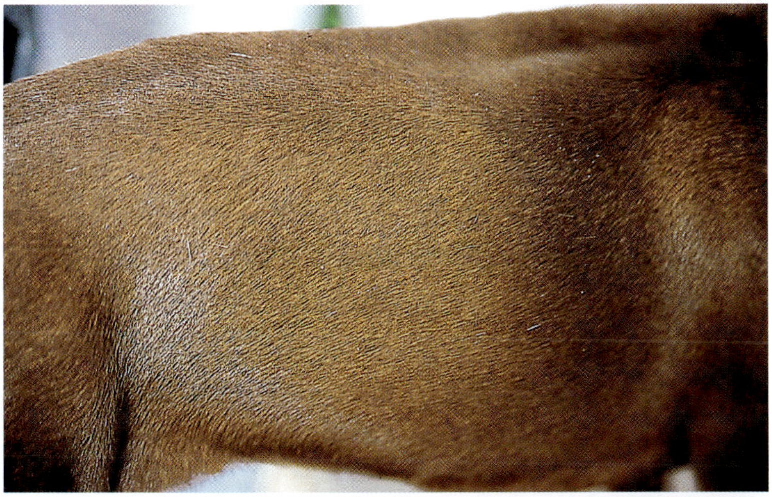

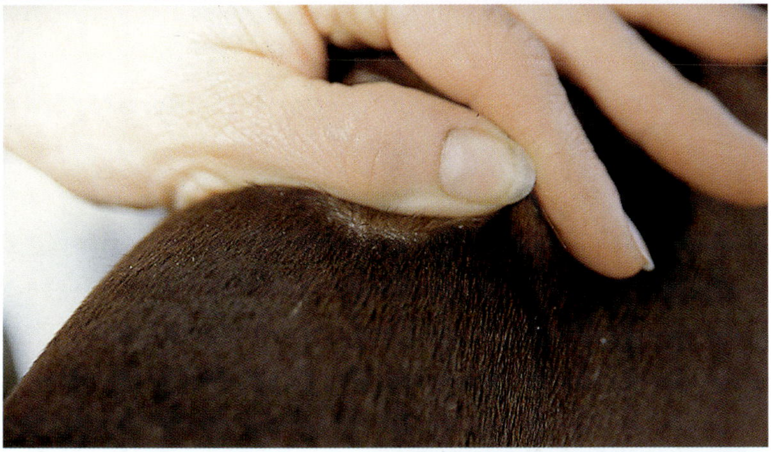

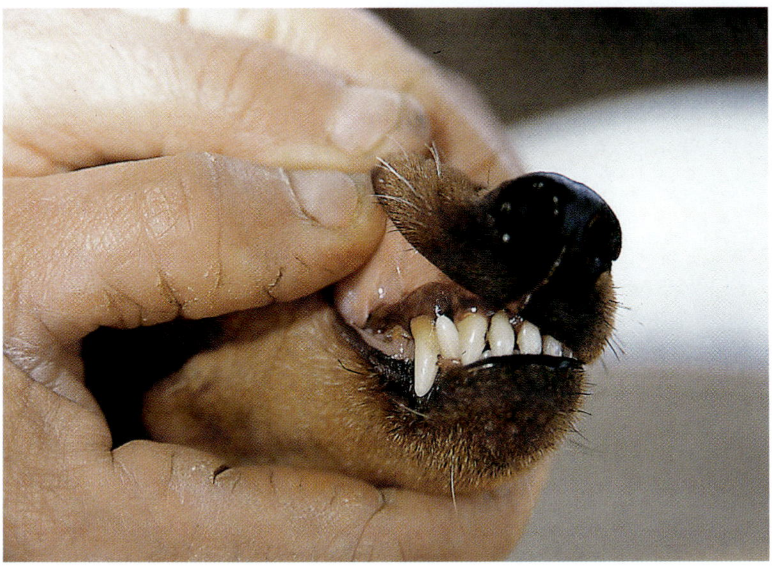

En revanche, s'il refuse la nourriture cela ne signifie pas nécessairement qu'il est malade : son corps peut simplement avoir opté pour un processus de désintoxication alimentaire naturel. Mais si ce refus de la nourriture est associé à des vomissements et/ou à une diarrhée ou s'il se prolonge pendant plus d'une journée et qu'en même temps le chien boit beaucoup, nous vous conseillons de l'amener chez le vétérinaire pour une visite de contrôle.

La robe

Une belle robe brillante et fournie qui, lorsque vous la soulevez, ne présente ni pellicules ni desquamations (normales pendant une période de mue ou pendant le changement de peau naturel) mais révèle une peau saine et légèrement rosée indique généralement que le chien est en bonne santé.

Les gencives

Des gencives blanches qui ne changent pas de couleur lorsqu'on les presse avec un doigt, associées à un comportement abattu, à une température trop élevée et à un nez sec

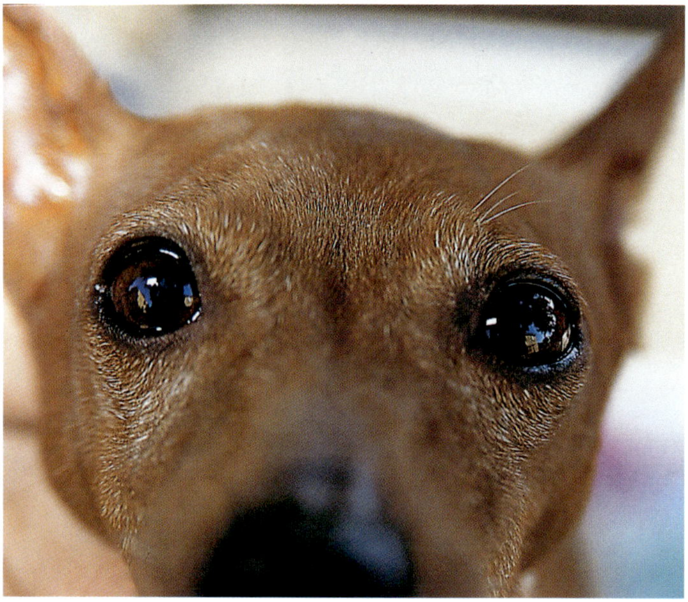

présentent des rougeurs importantes, amenez le chien chez le vétérinaire pour une visite de contrôle.

Les oreilles

Lorsque le chien bouge la tête en rythme en la faisant pivoter sur son cou, lorsqu'il se gratte l'extérieur des oreilles, cela signifie qu'il y a un problème dans son pavillon auriculaire. Si ce comportement se répète après un nettoyage soigneux des oreilles et si vous avez bien vérifié qu'il n'y a pas de corps étranger, amenez le chien chez le vétérinaire pour une visite de contrôle.

sont des symptômes nécessitant une visite vétérinaire. Cela peut être le signe d'un malaise passager mais également cacher quelque chose de plus grave.

Les yeux

Attention aux yeux : ils doivent être toujours très propres. Si malgré la toilette quotidienne ils sont sales ou

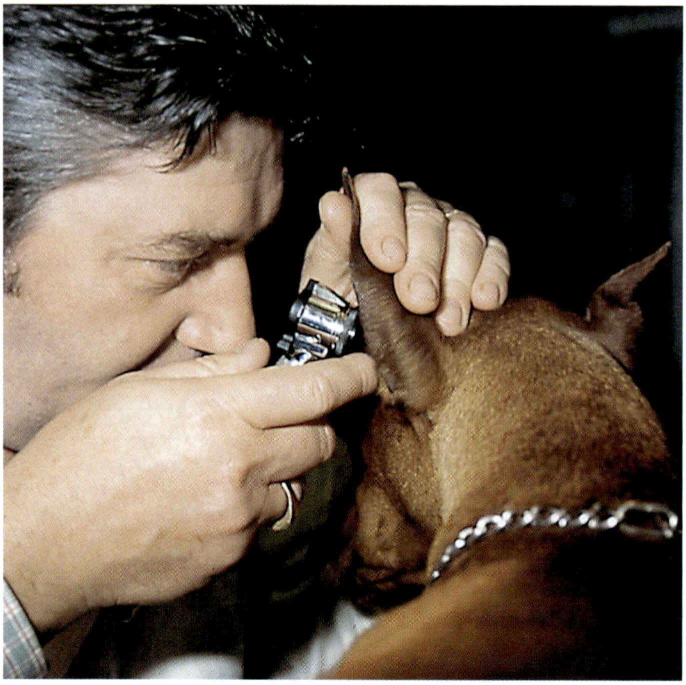

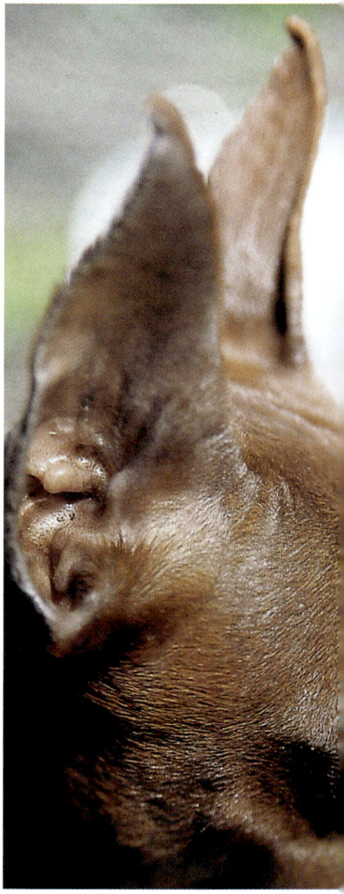

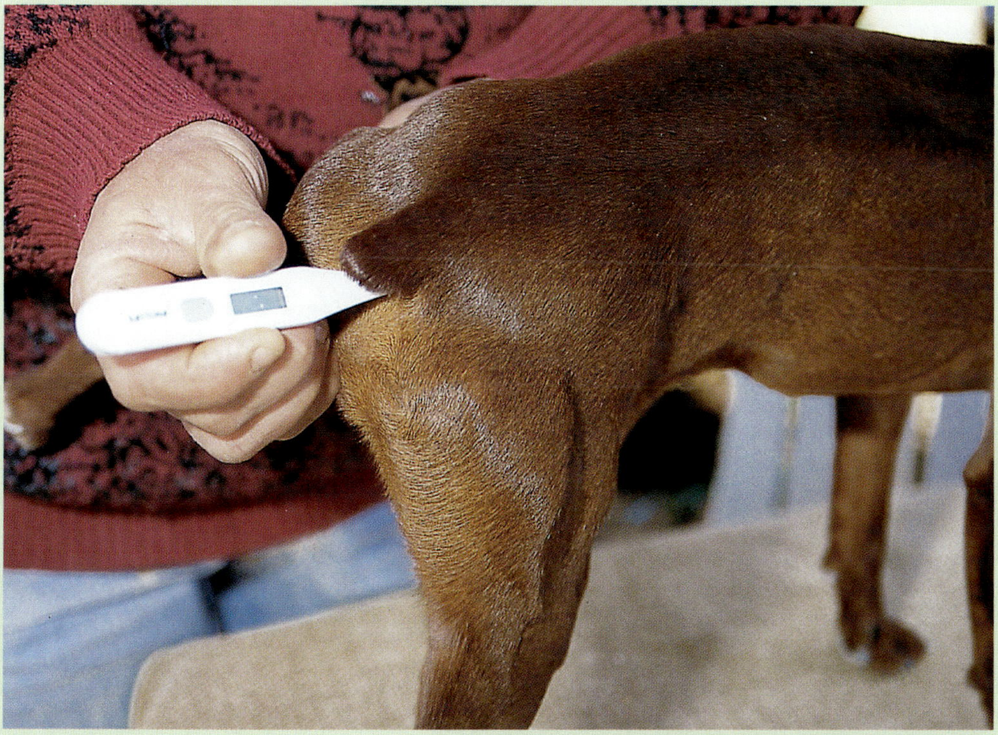

Si la santé de votre chien vous préoccupe, prenez sa température et contrôlez ses pulsations cardiaques. Pour mesurer la température il vous suffira d'utiliser un thermomètre pédiatrique par voie rectale tandis que pour la fréquence du battement cardiaque il faudra compter les pulsations de l'artère fémorale que vous comprimerez délicatement avec vos doigts contre le fémur : il suffit d'appuyer avec votre pouce sur la partie externe de la cuisse et avec l'index et le médium sur la partie interne ; vous sentirez alors sous vos doigts le « pouls » du chien.

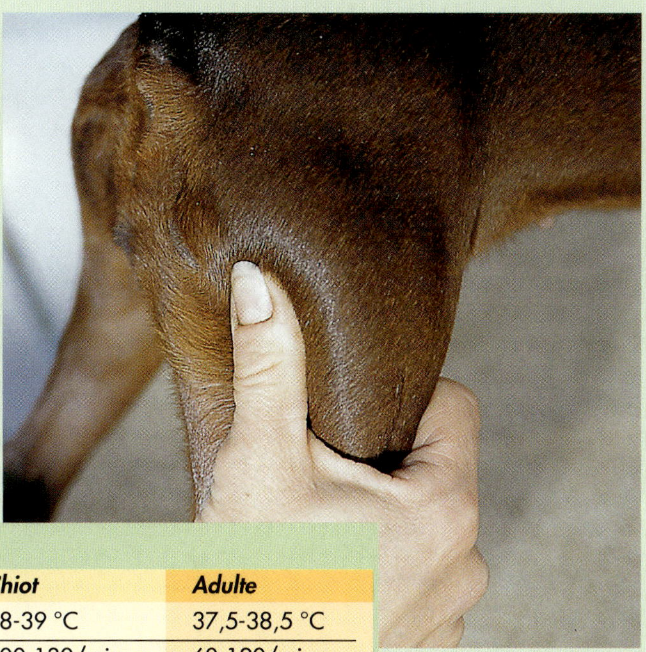

PARAMÈTRES PHYSIOLOGIQUES

	Chiot	*Adulte*
Température corporelle	38-39 °C	37,5-38,5 °C
Pulsations cardiaques au repos	100-130/min	60-120/min

LES MALADIES PARASITAIRES

Ce sont des maladies facilement identifiables car elles sont très répandues. Elles ne sont pas graves mais très gênantes. Elles touchent l'appareil digestif (parasites internes) et la peau (parasites externes).

Parasites internes. Ce sont les ascarides, les ankilostomes, le ténia et les tricocéphales. Pour les déceler, il faut observer le comportement du chien (s'il se lèche), son aspect (poil terne et amaigrissement) et ses selles. L'examen au microscope de ces dernières permet d'identifier les œufs. La thérapie consiste à administrer des vermifuges spécifiques et la prévention à éliminer les déjections solides et à désinfecter le milieu où vit le chien.

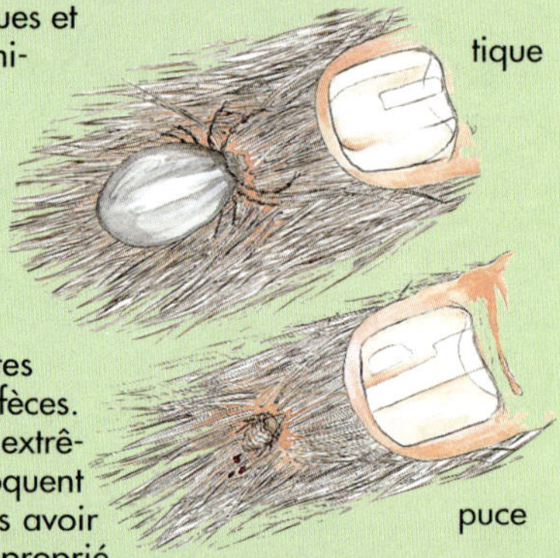

Parasites externes. Ce sont les puces, les poux, les tiques, les acariens de la teigne et les champignons : ces derniers sont la cause des mycoses. Leur présence peut être décelée par une observation du comportement du chien (il se gratte en permanence et se lèche) et de son aspect (poil terne parfois cassant) ou bien en les repérant directement sur le corps de l'animal. On peut également déceler la présence de puces grâce à de petites graines noires qui se trouvent à la base du poil et qui sont leurs fèces.

Les mycoses et les teignes sont provoquées par des parasites extrêmement petits, qui ne sont visibles qu'au microscope. Elles provoquent la chute du poil dans les endroits attaqués. Le vétérinaire, après avoir déterminé de quel parasite il s'agit, conseillera le traitement approprié. Les puces, les poux et les tiques sont visibles à l'œil nu et on peut prévenir leur apparition ou les éliminer en donnant des bains, en appliquant des shampooings appropriés ou bien encore en posant des colliers antiparasites. Il est toujours nécessaire de désinfecter soigneusement l'endroit où vit le chien pour éliminer les œufs. Attention aux tiques : il faut les détacher avec précaution de la peau du chien. Il est conseillé d'assurer une prévention avec des produits spécifiques, car les tiques peuvent transmettre la piroplasmose qui est une anémie grave, facile à soigner si elle est détectée à temps (urine d'un jaune orangé pouvant aller jusqu'au brun café, fièvre entre 40 et 41 °C) mais pouvant provoquer la mort si le chien n'est pas soigné assez rapidement.

LES MALADIES DU CHIEN SONT-ELLES TRANSMISSIBLES À L'HOMME ?

La plupart des maladies frappant les espèces animales sont spécifiques : elles ne se transmettent pas entre espèces mais uniquement entre chiens ou entre humains. Il en existe toutefois environ deux cents qui sont transmissibles mais la plupart du temps elles ne sont répandues que dans des milieux qui ne sont normalement pas fréquentés par les hommes et les animaux domestiques. Les rares maladies que l'on peut attribuer au chien dans un milieu habité sont les suivantes :

- le tétanos provoqué par des morsures et des griffures ;
- des dermatites et mycoses dues à une mauvaise hygiène ;
- la rage, maladie virale de nos jours peu répandue et jugulée par la vaccination obligatoire des chiens dans les régions présentant des risques.

Les parasites externes se transmettent très rarement du chien à l'homme : le seul qui puisse vraiment provoquer des problèmes est la tique. Le seul parasite interne qui se transmet à l'homme est le ténia mais ce risque se limite aux cas où votre Pinscher est en contact avec des chiens inconnus.

Vous devrez vous rendre chez le vétérinaire tout de suite après avoir acheté le chien pour une visite de contrôle générale de son état de santé physique et nerveux. Une fois que le chien sera adulte, s'il est en bonne santé, il suffira de l'emmener une ou deux fois par an chez le vétérinaire à l'occasion des vaccinations de routine (maladie de Carré, parvovirose, leptospirose, rage). Au cours de ces visites, l'animal sera soumis à un contrôle précis et à l'examen de ses fèces (que vous pourrez recueillir dans un flacon acheté en pharmacie).

En évaluant l'état de santé général de votre chien, le vétérinaire sera capable de comprendre si son alimentation est suffisante ou non, et vous conseillera alors un régime approprié.

Mais un bon vétérinaire est également un expert du comportement canin, qu'il se soit spécialisé dans ses études ou à la suite d'expériences directes. Vous pourrez donc parler avec lui du comportement de votre chien pour savoir si vous devez vous inquiéter ou s'il s'agit de phénomènes normaux et physiologiques. Il vous expliquera par exemple que, très souvent, en cas de diarrhée, avant de donner des médicaments, il est recommandé d'appliquer un simple traitement fondé sur le bon sens (un jour de jeûne et deux jours d'alimentation pauvre en hydrates de carbone). Cela suffit souvent à assurer une rapide guérison. Vous éviterez ainsi des heures d'attente pénibles et une visite inutile et coûteuse.

LA FILARIOSE

Si le chien vit dans un endroit où il y a beaucoup de moustiques il est conseillé de mettre en œuvre une prévention contre la filariose, maladie cardio-pulmonaire transmise au chien par les piqûres de ces insectes. Le vétérinaire peut la diagnostiquer pendant une visite de routine mais, étant donné que le traitement est difficile à appliquer et que la guérison est longue, et pas toujours complète, nous vous conseillons de lui signaler en temps utile que votre chien a séjourné ou s'apprête à séjourner dans une région à risque. Il pourra ainsi mettre en œuvre une prévention extrêmement efficace de nos jours.

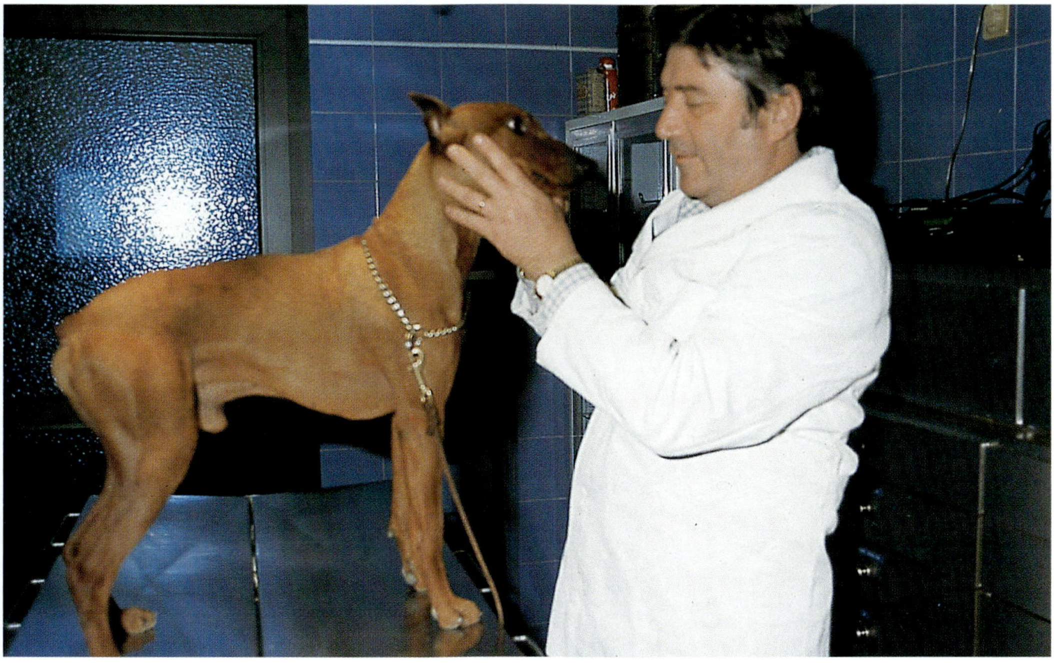

LES VACCINATIONS

Les vaccinations annuelles (qui ne sont pas obligatoires) sont certainement le moyen le plus efficace pour juguler à grande échelle certaines maladies d'origine bactérienne et/ou virale qui, pendant des années, ont mis en danger la vie de nos chiens. Le rappel des vaccinations tous les ans est donc quasiment un devoir pour le maître d'un chien et à plus forte raison pour l'éleveur qui devra porter une attention toute particulière à la vaccination de ses reproductrices. Lorsque les chiots naissent, ils sont couverts pendant six à huit semaines par les anticorps de leur mère et ils sont soumis aux premières vaccinations aux environs du cinquantième jour avec des rappels périodiques.

Les vaccinations les plus communes sont celles qui permettent de lutter contre les bactéries de la leptospirose et contre les virus de la maladie de Carré, de l'hépatite, de la parvovirose et de la toux des chenils. Cette dernière vaccination est surtout conseillée si plusieurs chiens sont réunis, par exemple dans un élevage.

Dans les régions où la rage est encore répandue, la vaccination contre ce virus véhiculé par les renards est obligatoire, comme elle l'est pour se rendre dans des régions insulaires où la rage n'a jamais pénétré. En outre, la vaccination contre la rage effectuée depuis un an au maximum et depuis au moins un mois est obligatoire pour chaque passage de frontière. Si vous voulez vous rendre à l'étranger avec un chien, informez-vous de la législation en vigueur dans le pays où vous souhaitez aller.

LE PROGRAMME DE VACCINATIONS

	50-55 jours	*70-75 jours*	*90-95 jours*	*3-6 mois*	*rappel annuel*
Maladie de Carré	■	■			■
Hépatite	■	■			■
Parvovirose	■	■			■
Leptospirose		■	■		■[1]
Toux des chenils			■		■
Rage				■	■

[1] Dans les situations à risque, rappel au bout de quinze jours. Le vétérinaire choisit le programme de vaccinations le plus approprié à la situation sanitaire spécifique.

Comment intervenir

Nous allons parler dans ce chapitre d'événements nécessitant la plupart du temps l'intervention d'un vétérinaire. Souvent, toutefois, avant l'arrivée de ce dernier, quelques interventions sont indispensables et le maître d'un chien devrait être capable de les pratiquer pour réduire les risques pendant l'intervalle séparant l'événement traumatique et l'intervention du spécialiste.

Coup de chaleur : caractéristique d'un animal enfermé dans la voiture sous le soleil (même avec une fenêtre à demi ouverte) ; peut également se manifester lorsque le chien accomplit des efforts particuliers ou n'a pas la possibilité de se mettre à l'ombre pendant une journée particulièrement chaude. Mouillez immédiatement le chien (en le plongeant si possible dans de l'eau), amenez-le dans un endroit frais et protégé et couvrez-le avec une couverture mouillée. Si son état général ne s'améliore pas rapidement contactez le vétérinaire le plus proche

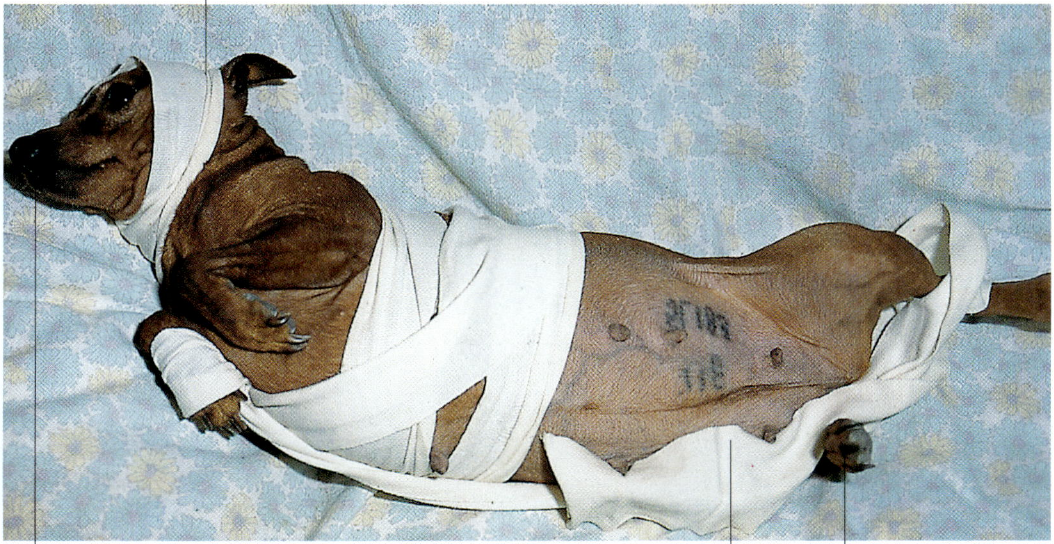

Piqûres d'insecte : fréquentes surtout en été, concernent essentiellement la bouche, les lèvres, la langue, les oreilles et les pattes antérieures. Lavez immédiatement la partie touchée avec de l'eau fraîche et observez la rapidité avec laquelle la partie concernée gonfle. Si, en plus du prurit, de la soif et d'un état d'agitation générale, vous remarquez des difficultés respiratoires, rendez-vous immédiatement chez le vétérinaire

Morsure : nous ne traiterons pas ici des situations particulièrement graves concernant les organes intérieurs pour lesquels seul un vétérinaire pourra efficacement intervenir. En revanche, lorsque la morsure concerne uniquement la peau et qu'il n'y a pas de déchirure grave, il suffit de nettoyer soigneusement avec de l'eau la partie touchée, de couper le poil autour et de désinfecter avec de l'eau oxygénée. Si la blessure est à proximité de l'œil il vaut mieux utiliser de l'eau boriquée. Les chiens ont une capacité de cicatrisation très élevée. Par conséquent, si la déchirure ne mesure pas plus de 2 cm, il n'est pas nécessaire de recoudre. Faites faire des points par une personne particulièrement experte uniquement si votre Pinscher est un sujet d'exposition et si vous voulez que la cicatrisation soit parfaite

Gelures : les gelures à proprement parler ou même une exposition prolongée dans un endroit particulièrement froid provoquent chez les chiens de graves problèmes de circulation. Amenez-le immédiatement dans un endroit chaud, recouvrez-le avec une couverture, mettez une bouillotte sur les parties les plus touchées (en général les pieds, la queue, les oreilles et le museau) et, après la première intervention, massez délicatement le corps, en particulier le thorax

L'armoire à pharmacie vétérinaire

Pour administrer un médicament ou effectuer des interventions « tampons » en attendant le vétérinaire, il faut avoir à portée de la main certains produits et certains instruments d'usage courant : eau boriquée, eau oxygénée, gaze, bandes élastiques, rouleau de sparadrap collant bien au poil, coton hydrophile, seringues et gants jetables, Coton-Tige, ciseaux recourbés à bouts ronds, pinces pour les cils, coupe-ongles et thermomètre pédiatrique.

Comment lui faire avaler un comprimé

Les chiens sont très habiles lorsqu'il s'agit d'expulser tout ce qu'on introduit dans leur gueule, contre leur volonté. Pour obliger un chien à

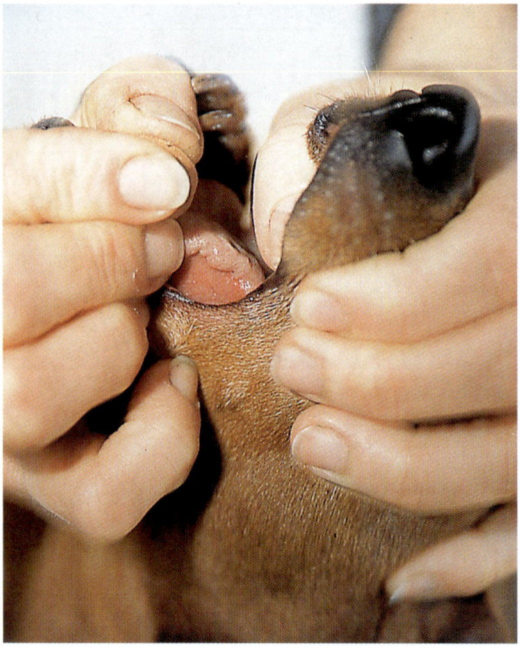

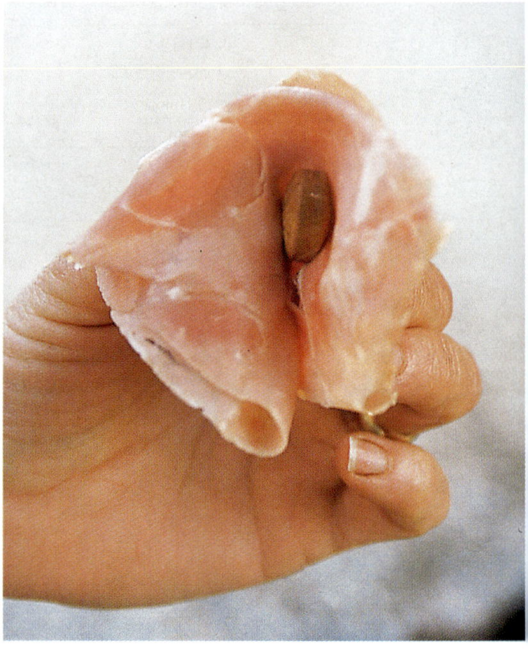

avaler un comprimé, il faut l'insérer en profondeur dans sa gorge et le masser à l'extérieur, le long de la carotide, puis ouvrir la bouche pour vérifier qu'il ne l'a pas caché quelque part. Il est possible aussi de l'envelopper dans une tranche de jambon et lui donner à manger le tout, en espérant qu'il ne se rendra pas compte du « truc ».

Comment lui administrer un médicament liquide

Il est encore plus difficile de l'obliger à prendre un médicament liquide que l'on ne peut pas mélanger à la pâtée : il faudra alors se servir d'une seringue dont vous aurez retiré l'aiguille et injecter lentement le contenu à l'intérieur de la gueule, à la commissure des lèvres. S'il réussit à faire sortir ou, en secouant la tête, à expulser une partie du liquide, essayez d'injecter le médicament, toujours avec la seringue, sur la base de la langue, le plus à l'intérieur possible.

Comment soigner les oreilles

Pour soigner une oreille avec des gouttes il faut les introduire le plus possible au fond du pavillon. Pour éviter que le chien ne secoue la tête pour les faire sortir (parce qu'elles le gênent), appuyez sur la base du pavillon auriculaire et, si possible, gardez la tête du chien immobile en la tenant avec vos mains.

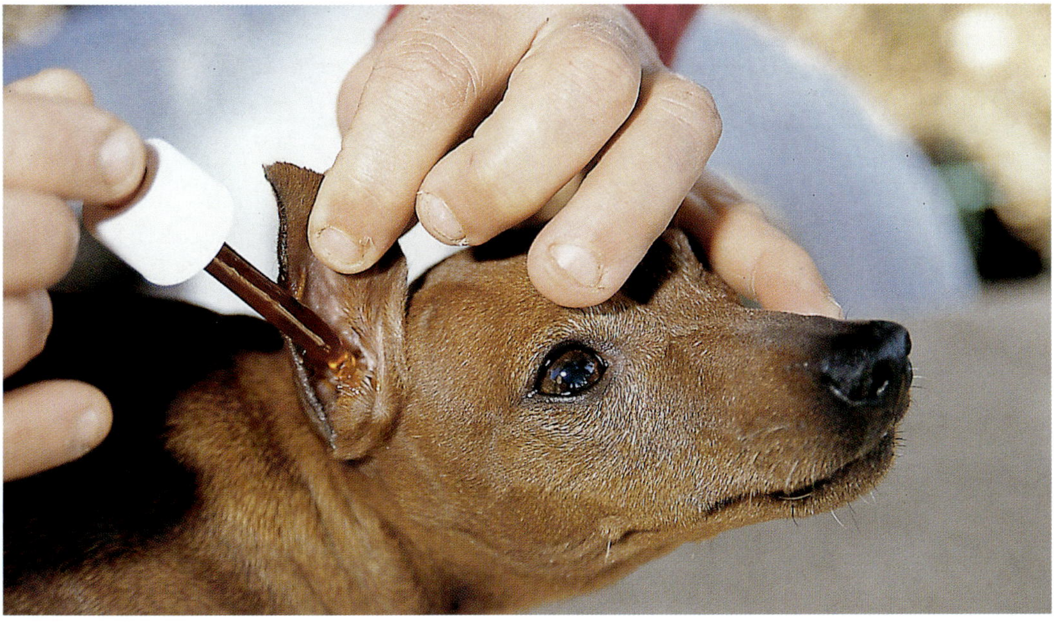

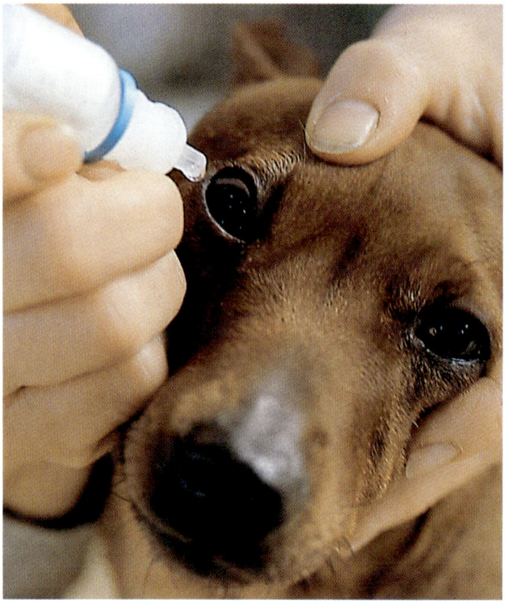

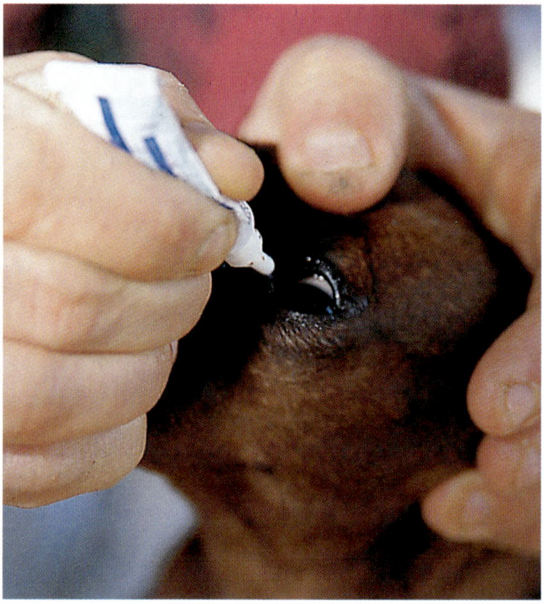

Comment soigner les yeux

Les yeux sont des organes particulièrement délicats qui doivent toujours rester bien propres. Si le vétérinaire a prescrit des gouttes ou une pommade il faut savoir les appliquer correctement : pour administrer les gouttes, soulevez la paupière de manière à faire tomber le liquide sur la cornée ; pour appliquer une pommade, essayez de la mettre sur la conjonctive au coin interne de l'œil.

Comment effectuer une injection sous-cutanée

Si votre chien a besoin d'un traitement à base d'injections et si le vétérinaire vous invite à les faire vous-même, ne vous affolez pas : ce n'est pas si compliqué ! Pour effectuer une injection sous-cutanée, il suffit de soulever la peau du chien entre deux doigts, de piquer l'aiguille horizontalement et d'aspirer légèrement. Si le piston retourne immédiatement à sa place, faites l'injection. N'hésitez pas à parler à votre chien pour le rassurer.

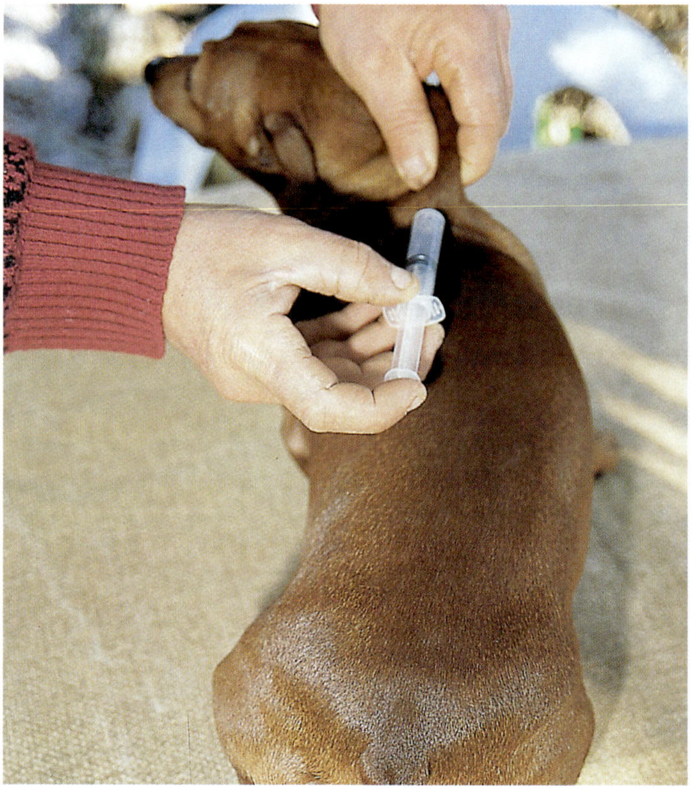

EN CAS D'ACCIDENT DE LA ROUTE : COMMENT TRANSPORTER UN CHIEN TRAUMATISÉ

Les accidents de la route sont des événements rares, mais pas exceptionnels, surtout pour les chiens vivant en ville. La première chose qu'il faut savoir c'est qu'un accident a des répercussions sur l'ensemble de l'organisme, même si le traumatisme est bien localisé, par exemple en cas de fracture d'un membre. Il peut y avoir également des lésions internes et avant que le vétérinaire n'intervienne, il faut prêter une attention toute particulière à la manière dont l'on transportera le chien blessé.

Il est conseillé de l'étendre délicatement sur une surface rigide pour éviter d'aggraver les éventuelles lésions internes. Lorsque vous le chargerez et le transporterez en voiture, évitez le plus possible les déplacements et les chocs. Si vous ne trouvez rien de rigide, déplacez-le avec de grandes précautions.

Si c'est un chiot soulevez-le en plaçant un bras sous son corps et autour du cou et l'autre sous le thorax, sans comprimer la région abdominale. S'il s'agit d'un adulte, faites en sorte que son thorax s'appuie sur le vôtre et placez son menton sur votre épaule ; soutenez-le avec un bras sous les cuisses et serrez-le délicatement contre vous avec l'autre, appuyé sur ses épaules.

EMPOISONNEMENT, INTOXICATION OU INGESTION DE SOLIDES

Le chien est un animal qui, pour satisfaire sa curiosité, utilise essentiellement son odorat et les chiots, en particulier, passent une grande partie de leur temps à fouiller dans la terre. Il est donc assez courant que le chien goûte quelque chose ayant une odeur particulière ou mastique et ingère des corps solides. La plupart du temps, les dégâts sont limités, voire inexistants, mais il peut arriver aussi qu'il ingère quelque chose de toxique, de trop encombrant ou risquant de blesser des organes internes.

Substances nocives. Si la substance est retenue dans la cavité orale, vous remarquerez une forte production de salive, des quintes de toux, des ulcères sur la langue, sur les muqueuses et parfois des symptômes d'étouffement. En revanche, si elle transite rapidement dans l'estomac, les symptômes apparaîtront plus tard, avec des heures et parfois des jours de retard. Les manifestations pourront être diverses :

- neurologiques : symptômes caractéristiques de l'ingestion de désherbants, pesticides et insecticides. Il s'agit de convulsions, de tremblements, de raidissements et de perte de conscience ;
- généralisées : caractéristiques de l'action de poisons tels que la strychnine, de l'inhalation d'oxyde de carbone ou de l'ingestion de parties de plantes comme le laurier-rose et l'if ou de tubercules extraits du sol. Les symptômes sont des vomissements, des spasmes, de la diarrhée, une température particulièrement basse (il faudra réchauffer le chien) ou particulièrement élevée (il faudra le refroidir, en posant un chiffon humide sur son front et son thorax) ;
- problèmes de coagulation sanguine : caractéristiques des produits raticides, le chien est abattu et vomit, mais, surtout, son sang ne peut plus coaguler.

Ingestion de corps solides. Un mâle qui avale un caillou pendant la période de chaleur d'une femelle ou un chiot qui mordille et avale une tige de rose ou un morceau de fil de fer : voilà des exemples malheureusement fréquents ! Si le caillou est petit il passera sans trop de problème dans le corps du chien, jusqu'à ce qu'il soit expulsé, s'il est particulièrement gros il risque de provoquer une occlusion intestinale. Dans ce cas, le chien sera abattu, ne mangera pas, boira beaucoup et aura des crises de vomissements.

Pour ce qui est du chiot ayant avalé quelque chose de pointu, vous remarquerez que ses fèces sont sanguinolentes, qu'il manque d'appétit, qu'il a soif et vous noterez des traces de sang dans ses vomissements, peu abondants. Dans les deux cas, il faut faire appel au vétérinaire et la plupart du temps une intervention chirurgicale est nécessaire pour extraire le corps étranger.

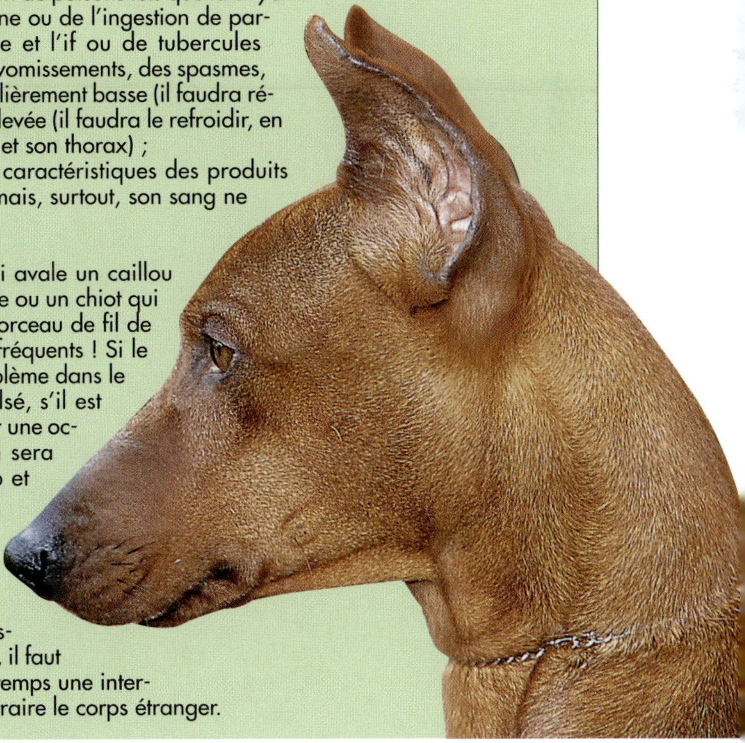

La gestation et la mise bas

La mise bas est un événement très émouvant et de nombreux maîtres de chienne souhaiteraient vivre ces moments. Attention toutefois : élever une portée n'est pas de tout repos, cela exigera de votre part professionnalisme, patience et dévouement. Les chiots ont besoin de soins et d'attentions particulières et, une fois que les vingt ou vingt-cinq premiers jours seront passés, ils commenceront à gambader dans toute la maison, occasionnant des dégâts en tout genre, provoqués par leur vitalité, leur désir d'explorer le monde et la nécessité, pour eux, de satisfaire certains besoins physiologiques. Si vous n'êtes pas absolument sûr d'être prêt à affronter tout cela, abstenez-vous et évitez cette expérience, car il n'est pas forcément facile de trouver des personnes de confiance à qui remettre vos chiots.

Si vous souhaitez absolument avoir des chiots de votre femelle, vous pouvez en parler à l'éleveur et lui demander si celle-ci peut mettre bas chez lui, de manière qu'elle soit suivie, avec ses chiots, par des personnes plus expérimentées que vous. Une autre solution consiste à accueillir chez vous la mise bas puis à emmener la mère et les chiots dans un élevage mais pas entre le vingt-deuxième et le vingt-huitième jour de vie des chiots (voir : « Période de la prise de conscience », p. 33).

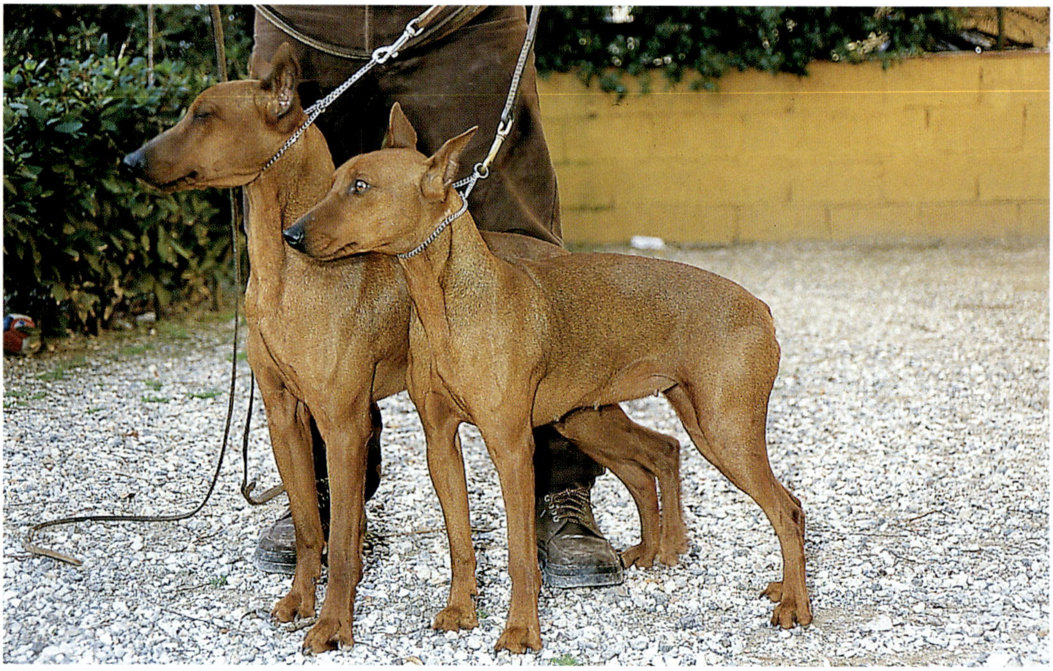

Chaleurs, accouplement et gestation

Lorsque, pendant la promenade quotidienne, vous remarquez qu'un mâle courtise avec une insistance particulière votre femelle Pinscher, et qu'il la flaire sous la queue, cela signifie que la période de chaleur est imminente. Le mâle s'en est rendu compte grâce à l'odeur que dégage la femelle car certaines modifications hormonales sont en cours dans son organisme.

Lorsque le sang que la femelle commence à perdre devient plus clair et plus dense, cela signifie que la période d'ovulation est commencée : la femelle n'accepte le mâle que pendant cette période qui dure trois jours en moyenne.

Pendant les quarante premiers jours qui suivent l'accouplement, il est difficile de savoir si la femelle est en gestation, même si certains signaux peuvent vous aider à comprendre si elle attend ou non des chiots : dans l'affirmative, elle est souvent plus calme, désireuse de solitude et en même temps affectueuse, même si elle est parfois un petit peu plus irascible. Toutefois, si elle a envie de bouger, laissez-la courir et sauter comme elle le souhaite.

Pendant la gestation, sa possessivité augmente, son abdomen grossit, elle est plus gauche dans ses mouvements et elle apprécie de rester couchée sur un côté. De temps en temps, la chienne peut se mettre à creuser dans les endroits les plus insensés, par exemple sur le tapis du salon, comme si elle préparait une tanière. Les mamelles sont alors plus gonflées et il peut arriver qu'un ou deux jours avant la mise bas, quelques gouttes de sérum blanc en sortent.

COMMENT SE RENDRE COMPTE QU'UNE CHIENNE EST EN CHALEUR

En observant attentivement le comportement d'une femelle il est possible de se rendre compte qu'elle va avoir ses chaleurs quelques jours avant les signes physiologiques normaux. En effet, pendant cette période, elle est plus agitée et irascible et veut sortir de la maison plusieurs fois par jour. À l'extérieur elle est très attentive à la présence des mâles qu'elle recherche mais qu'elle repousse parfois avec une certaine agressivité quand elle les rencontre. Elle urine souvent quelques gouttes pour laisser des signaux odorants et parfois lève une patte et dirige le jet d'urine vers une plante ou un autre objet vertical à portée de son pipi. Elle a fréquemment des attitudes de copulation avec d'autres chiens (et parfois avec la jambe de son maître) qu'ils soient mâles ou femelles, puis les repousse, indignée, lorsqu'ils veulent répliquer.

Les signes physiologiques sont les suivants : vulve grossie, qu'elle lèche fréquemment et pertes de sang (chez les Pinschers elles sont très peu abondantes) qui changent de couleur en s'éclaircissant jusqu'à devenir jaune paille lorsque l'ovulation s'approche, ovulation qui a normalement lieu entre le dixième et le quatorzième jour à partir du début des premières pertes.

La mise bas

La mise bas a lieu au bout de 59 à 63 jours après le premier accouplement ; c'est un événement naturel qu'une femelle équilibrée pourra assumer très efficacement, guidée par son instinct.

Quelques jours avant, elle devient nerveuse et commence à creuser là où elle a décidé de mettre bas. Si vous avez préparé une couche spéciale, obligez-la gentiment à y rester le plus longtemps possible, en plaçant, à proximité, la gamelle contenant sa pâtée, voire en la mettant à l'intérieur.

La caisse destinée à la mise bas doit être placée dans une pièce chauffée et être suffisamment grande pour lui permettre de se coucher et de pouvoir tendre ses membres sur le côté pendant qu'elle met bas. Tapissez-la de vieux draps que, le moment fatidique approchant, elle se mettra à déchirer en mille morceaux.

Le début des douleurs est signalé par la présence de contractions, par un halètement fort et une respiration profonde et lente : les chiots naissent avec un intervalle variant entre quelques minutes et environ deux heures.

Normalement la mise bas se passe sans problème mais si vous voyez qu'il s'écoule trop de temps entre la naissance d'un chiot et la suivante et que, le placenta s'étant rompu avant que le chiot soit sorti, celui-ci risque d'étouffer, appelez immédiatement le vétérinaire que vous aurez averti au préalable.

Dès qu'ils sont nés, la mère libère les chiots du placenta qu'elle mange immédiatement après avoir coupé avec ses molaires le cordon ombilical.

Tous les chiots vont immédiatement rechercher la chaleur maternelle, les plus toniques se débrouillant tout seuls, les autres aidés par quelques petits coups de museau de la part de la mère. Très rapidement, en quelques secondes, ils trouvent la mamelle.

Pendant la première journée, la mère n'aura pas de lait mais du colostrum, une substance riche en anticorps qui fournit au chiot la base immunitaire qui lui servira jusqu'à ce qu'il ait 50 jours, moment où il faudra procéder aux premières vaccinations.

CONTRÔLER LE POIDS DES CHIOTS

Le poids des chiots, à la naissance, varie en moyenne entre 400 et 600 g et, après une légère diminution pendant la première journée, il commence à augmenter régulièrement tous les jours pendant le premier mois.

Si vous les pesez tous les jours vous pourrez contrôler plus précisément le rythme de leur croissance.

LA CAISSE DE MISE BAS

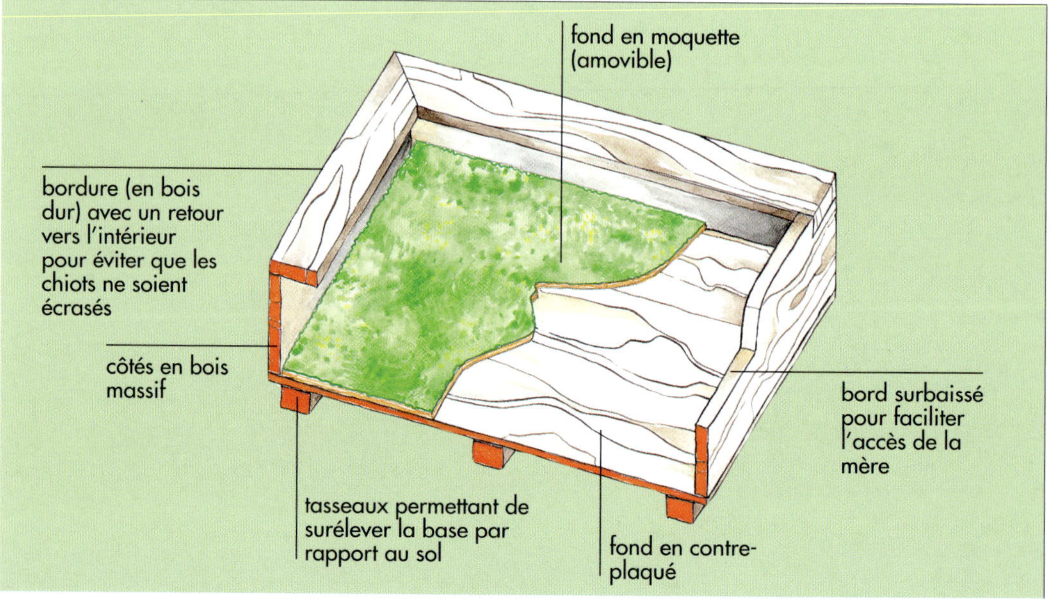

Les chiots grandissent

Les cinq sens se développent chez les chiots pendant le premier mois. Pendant la première semaine, grâce à l'odorat et au toucher, ils retrouvent le corps de leur mère pour pouvoir se réchauffer et téter son lait. Aux environs du dixième jour, les yeux s'ouvrent et l'on peut constater qu'ils sont gris clair. Au départ, ils leur permettent de voir uniquement les ombres et le contour de ce qui les entoure puis, lentement, jour après jour, la réalité de leur environnement se fera plus précise. En ce qui concerne l'ouïe, il faut attendre la fin de la deuxième semaine, car le conduit auditif s'ouvre uniquement au bout de quinze jours. Il est indispensable d'assurer aux chiots un environnement calme, sans trop de bruit : ces petits êtres s'apprêtent, grâce à ce sens, à connaître tout ce qui les entoure. Le goût se développe plus lentement et c'est aux environs du vingtième ou vingt-cinquième jour que les chiots commencent à distinguer et apprécier les saveurs. C'est également pendant cette période qu'ils essaieront de se soulever sur leurs membres et de commencer à déambuler.

On peut à ce moment-là commencer à diversifier leur alimentation : le sevrage peut débuter, tout d'abord avec un aliment le plus proche possible du lait maternel auquel vous ajouterez progressivement de la viande. La mère les allaitera encore pendant une quinzaine de jours et vous l'aiderez à diminuer sa production de lait en alimentant de plus en plus fréquemment ses chiots.

Au bout de trente jours, les chiots sont autonomes : ils voient, ils entendent, ils flairent, ils mangent tout seuls et ils marchent. Ils peuvent finalement décider où ils doivent aller et leur activité d'exploration peut alors se développer pleinement : tous les jours ils s'éloigneront un peu plus de leur mère, pour se réfugier entre ses pattes dès qu'ils entendront ou verront quelque chose de nouveau ou d'imprévu, même si leur inexpérience les rend confiants et téméraires, en particulier à l'égard de l'homme. Si ces premières rencontres sont positives, elles donneront confiance aux chiots et leur garantiront une certaine assurance, ce qui constitue une bonne base pour affronter positivement toutes les nouveautés qu'implique une cohabitation avec des êtres humains.

Les expositions

Au moment où vous avez acheté votre chiot Pinscher, vous vous êtes concentré surtout sur sa santé et son caractère : vous avez recherché un sujet jovial, plein de vie, amical, qui ne soit surtout pas timide ni craintif à l'égard des inconnus et face à toutes les nouveautés de la vie. Si vous l'avez acheté auprès d'un éleveur professionnel, vous avez certainement en votre possession un chien doté de toutes les caractéristiques morphologiques typiques de la race : vous avez donc un chien correspondant au standard à tous les points de vue.

Mais votre Pinscher a peut-être quelque chose en plus, peut-être possède-t-il des qualités peu communes, qui pourraient faire de lui un sujet au-dessus de la norme : un futur champion possible.

Pour vous assurer que votre Pinscher possède bien toutes les caractéristiques typiques de sa race, voire qu'il a des qualités supérieures, une seule solution : vous rendre dans une exposition canine.

Les conditions qu'un néophyte doit réunir sont les suivantes : un chien en bonne santé, propre, sachant trotter à la gauche de son maître, acceptant qu'on l'approche et qu'on touche son corps et sa bouche lorsque le juge devra l'évaluer.

LES EXPOSITIONS DE BEAUTÉ

La Société centrale canine organise différents types d'expositions aux niveaux régional, national et international. Si vous n'avez jamais participé à un événement de ce genre, nous vous conseillons de commencer par une exposition régionale ou, au maximum, nationale : il y aura moins de compétition et le juge sera plus disponible pour dialoguer avec vous une fois le jugement terminé et vous parler des qualités et des défauts de votre Pinscher.

Pour connaître les dates et les lieux de ces expositions de beauté, vous pouvez vous adresser à la Société centrale canine.

Les classes où sont inscrits les chiens dépendent de leur âge et de leur sexe :

- **classe débutants** (mâles ou femelles) concerne les chiens âgés de 9 mois jusqu'à l'âge minimal exigé ;
- **jeunes chiens** (mâles ou femelles) : de 12 à 24 mois (l'âge précis dépend de la race) ;
- **ouverte** (mâles ou femelles) : à partir de 12 mois (l'âge varie selon la race) ;
- **champion de beauté** (mâles ou femelles) : pour les sujets déjà champions de France, internationaux ou étrangers.

La position en station debout

Sur un ring d'exposition le juge doit pouvoir évaluer votre Pinscher de la meilleure manière possible. Il faudra donc habituer le chien à rester en position standard, la queue bien droite : ce n'est pas une position naturelle, mais elle est très importante car elle permet au juge d'évaluer les aplombs et les angulations.

En mouvement

Un sujet ne peut pas être évalué correctement si le juge ne peut pas le voir en mouvement.

C’est la raison pour laquelle il faut l’habituer à marcher au trot modéré à votre gauche.

En le voyant se déplacer latéralement, le juge évaluera le type de foulée, la puissance de la poussée de l’arrière-main, la solidité de la ligne dorsale et le port de la tête et du cou.

Lorsque le chien est invité à se déplacer et à se diriger vers le juge, ce dernier est en mesure de voir le point d’appui du pied sur le sol et la position de l’épaule par rapport au thorax, alors que, quand le chien s’éloigne, le juge peut évaluer la solidité de toute l’arrière-main et, dans ce cas aussi, l’appui du pied postérieur sur le sol.

Des concours de couples

Outre les classes mentionnées plus haut, deux sujets de la même race peuvent concourir en couple lorsqu'il s'agit d'un mâle et d'une femelle appartenant au même maître ou inscrits à l'exposition directement par un éleveur.

Champions de beauté

La conquête du podium est une étape indispensable dans la longue route qui mène au titre de champion de beauté, qui récompense tant d'efforts.

Le standard et les conseils du vétérinaire

STANDARD DU PINSCHER NAIN (ZWERGPINSCHER)

Standard FCI No 185 / 02.02.1995 / F
Traduction : Dr.J.-M. Paschoud et Prof.R. Triquet
Origine : Allemagne
Date de publication du standard d'origine en vigueur : 24 juin 1986
Classification fci : Groupe 2 Chiens de type Pinscher et Schnauzer - Molossoïdes et chiens de montagne et de bouvier suisses
Section 1 Chiens de type Pinscher et Schnauzer
Sans épreuve de travail

Aspect général

Le Pinscher nain, modèle réduit du Pinscher, ne présente aucun défaut de nanisme tératologique. Ses traits de caractère correspondent à ceux du Pinscher, mais leur expression est nettement marquée par le tempérament et le comportement d'un chien nain. En sa qualité de chien nain à poil ras, il trouve sa place même dans l'appartement le plus exigu. Ses qualités et dispositions le rendent aussi apte à remplir le rôle d'un gardien.

Tête

La tête est forte et allongée ; la protubérance occipitale n'est pas fortement saillante. Le rapport entre la longueur totale de la tête, mesurée de l'extrémité du museau à la protubérance occipitale, et celle du dessus, mesurée du garrot à l'attache de la queue, est d'environ 1 à 2.

L'axe longitudinal du chanfrein rectiligne est parallèle à celui du front plat et sans rides. La dépression frontonasale (stop) est légère, mais distincte. Les masséters sont puissants, mais sans donner aux joues un relief disgracieux. Le museau épais se termine en forme de coin tronqué. La truffe est pleine et noire ; chez les chiens de couleur rouge et brun-rouge, elle est d'un teint nuancé en rapport avec la robe. Les lèvres sont bien appliquées et de couleur foncée.

Denture : articulé en ciseaux parfait ; les mâchoires s'adaptent correctement et les dents sont fortes et d'un blanc pur.

Oreilles

Oreilles coupées : attachées haut, coupées symétriquement, elles sont portées droites.

Oreilles naturelles : attachées haut, repliées en forme de "V" ; ou petites oreilles dressées en position symétrique et portées droites.

Yeux

Foncés, de grandeur moyenne, de forme ovale, dirigés vers l'avant. La paupière inférieure épouse bien la forme du globe oculaire, de sorte que la conjonctive n'est pas visible.

Cou

Porté avec noblesse, arqué et élancé, le cou s'insère puissamment entre les épaules ; il ne doit pas être trop court ni épais ; la nuque est fortement galbée ; la peau de la gorge est bien appliquée sans aucun pli (cou sec).

Corps (tronc)

La poitrine est modérément large et, en coupe, de forme ovale ; les côtes sont plates.

Les antérieurs soutiennent le corps bien d'aplomb © Français/Cogis

La poitrine descend plus bas que le niveau des coudes. La partie antérieure de la poitrine est très prononcée par la pointe du sternum qui dépasse la pointe de l'épaule, par l'articulation de l'épaule et par l'humérus.

La partie inférieure de la poitrine remonte légèrement vers l'arrière et se fond avec le ventre, qui est modérément relevé. La distance entre la dernière côte et la hanche est courte, ce qui donne un chien compact. La longueur totale du corps correspond approximativement à la hauteur au garrot. Le dos est court et légèrement incliné. La ligne du dessus n'est pas rigoureusement droite, mais offre un profil élégant qui va de la grosse première vertèbre au garrot, par le dos et par la croupe légèrement arrondie jusqu'à la racine de la queue.

Fouet

Attaché haut, il est porté dressé. On le coupe en laissant environ 3 vertèbres en place.

Membres

Membres antérieurs (avant-main) : les omoplates sont obliques et bien angulées avec le bras ; les deux ont des muscles plats, mais puissants. Vus de tous les côtés, les antérieurs soutiennent le corps bien d'aplomb. Les coudes sont au corps.

Membres postérieurs (arrière-main) : les cuisses sont obliques et fortement musclées ; l'angle du jarret est bien marqué.

Pieds : pieds courts, ronds avec des doigts bien serrés et bien cambrés (pieds de chat) ; ongles noirs ; coussinets foncés et durs.

Robe

Qualité du poil : le poil est ras mais serré, couché et brillant ; sans plages glabres.

Couleur du poil : unicolore (brun-rouge dans ses différentes nuances jusqu'au rouge cerf) et bicolore (noir avec des marques rouges à brun-rouge). Chez les chiens bicolores on recherche des marques feu bien délimitées aussi foncées et intenses que possible. Ces marques feu se répartissent comme suit : sur le joue, aux lèvres, au menton, au-dessus des yeux, à la gorge, au poitrail sous forme de deux triangles bien séparés l'un de l'autre, au métacarpe, aux pieds, à la face intérieure des postérieurs et à l'anus. D'autres couleurs ne sont pas admises.

Taille

La hauteur au garrot varie entre 25 et 30 cm.

Défauts

Tout écart par rapport à ce qui précède sera considéré comme un défaut qui sera pénalisé en fonction de sa gravité.

- Constitution générale lourde ou légère, sujet haut ou bas sur pattes, aspect chétif.
- Crâne lourd, rond ; tête de moineau ou en forme de pomme, front plissé.
- Oreilles attachées bas ou mal coupées.
- Œil clair, trop petit ou trop grand.
- Zygomatiques fortement saillants.
- Peau de la gorge lâche.
- Machoire articulée en pince, prognathisme supérieur ou inférieur.
- Museau court, pointu ou étroit.
- Dos trop long, voussé ou peu soutenu, croupe avalée.
- Coudes déviés vers l'extérieur.
- Jarrets en dedans.
- Membres postérieurs trop droits ou en tonneau.
- Pieds allongés.
- Sujet qui va l'amble.
- Poil clairsemé
- Sujet tiqueté.
- Bande noire qui suit la ligne médiane du dos (raie de mulet).
- Selle foncée.
- Toute couleur délavée.

N.B. : Les mâles doivent avoir deux testicules d'apparence normale complètement descendus dans le scrotum.

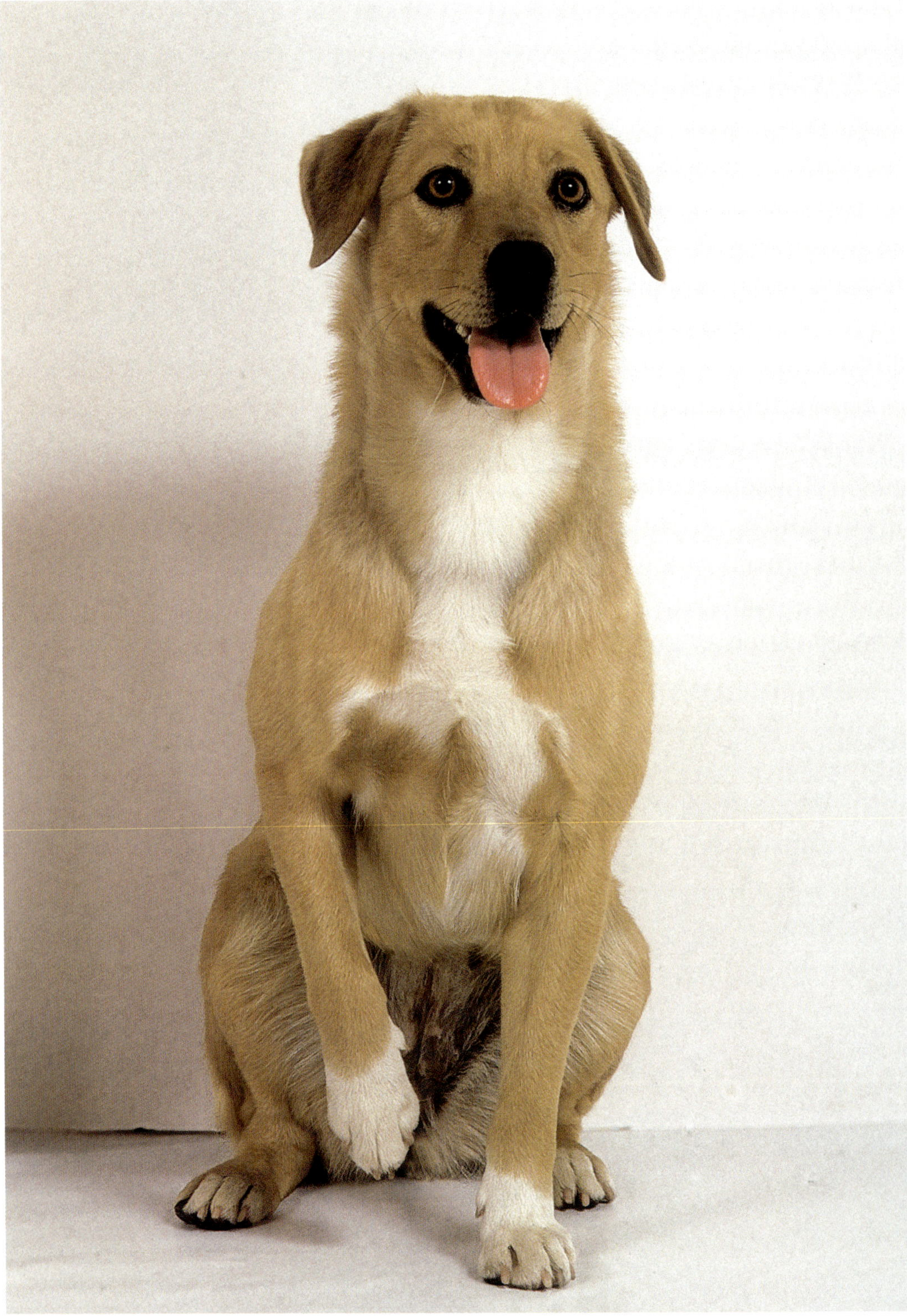

Un magnifique spécimen de Pinscher autrichien © Français/Cogis

Il faut noter que le Pinscher n'est pas toujours d'un caractère aisé. Le comportement de chaque individu est bien sûr influencé par ses premières expériences et ses relations avec son maître et son environnement. Cependant on a pu tracer les grandes lignes du comportement du Pinscher par rapport à trois critères : son activité générale, son agressivité et sa capacité au dressage.

Les troubles du comportement

Ils peuvent être les suivants :

- votre Pinscher a un comportement destructeur dans la maison ;
- il aboie beaucoup ;
- il a tendance à mordre les enfants.

Ceci n'est pas systématique mais il convient de faire très attention à son éducation.

Voici quelques bases à respecter.

Le moment idéal de l'acquisition du chiot

Le moment le plus judicieux semblerait être la 7e semaine. La socialisation primaire est déjà établie par le contact avec la mère et la portée. Le chiot sait identifier l'humain car il a eu des contacts avec l'éleveur. Le chiot ne souffre pas de séparation à cette période-là, alors qu'à partir de la 8e semaine se développe un sentiment de crainte face à tout changement de situation. Le choc est donc moins violent à 7 semaines.

Si le chiot a été élevé dans un environnement stable et qui ressemble à celui que vous lui proposez (élevage familier, famille), le chiot peut être adopté entre 2 et 3 mois. Si la famille possède des enfants, il peut même être pris jusqu'à 4 mois.

En revanche, si l'environnement est très pauvre (chenil, élevage intensif...), il faut adopter le chiot entre 6 et 7 semaines.

La socialisation du chiot Pinscher

Cette notion doit être parfaitement étudiée et comprise du maître. C'est la base de l'équilibre du chiot. Si cette phase ne se déroule pas correctement, elle donnera naissance à de nombreux troubles comportementaux.

La socialisation est l'apprentissage des relations entre les membres d'un groupe. Le chiot a un comportement instinctif qui guide ses premiers pas mais il apprend aussi à se comporter au contact de sa mère puis de son maître.

Le chiot va d'abord prendre connaissance de l'espèce à laquelle il appartient, il pourra ainsi identifier tous les chiens comme ses congénères. Il apprendra ensuite à communiquer avec eux, à interpréter des signaux d'amitié ou d'hostilité. Cela lui permettra de contrôler et d'adapter ses réactions en fonction de l'interprétation qu'il fait des situations vécues.

Il pourra ainsi trouver une place au sein d'un groupe qui au départ est formé de sa mère et de ses frères et sœurs. Il y trouvera ensuite sa place au sein d'une famille maître.

Période sensible

L'apprentissage lié à la socialisation se déroule durant une période très précise dite période sensible. Durant cette phase, la socialisation est rapide et facile. En dehors de cette période, l'apprentissage des notions indispensables à la situation sociale du chiot est beaucoup plus difficile.

La hiérarchisation

L'apparition de la hiérarchisation alimentaire se situe vers 5 semaines puis s'achève selon les races entre 3 et 12 mois.

À l'état de maturité, le chien revendique une place de dominant.

Même si cela est troublant pour certains maîtres le chien doit rester un dominé. Il ne doit jamais prendre l'initiative de quoi que ce soit, par rapport à son maître.

Le non respect de cette notion est à l'origine de nombreuses manifestations comportementales pathologiques, notamment les morsures.

L'origine est une absence totale ou partielle de « commande » du maître. Le chien se considère alors comme le protecteur du maître ou de la famille. Il considère aussi qu'il est le « chef de meute » et que cette position lui permet d'imposer SA loi. Si les membres de la famille ne la respectent pas, il réagira par la morsure, la destruction, l'aboiement... Un chien peut être d'un caractère dominant mais il ne doit pas être dominant dans la famille. Nous laisserons ces relations de domination s'établir entre deux animaux.

Le maître doit être respecté par le chien.

SIGNES DE DOMINANCE DU MAÎTRE PAR RAPPORT AU CHIEN

Regarder un chien de face
Le caresser sur la tête
Lui mettre sa laisse
Lui imposer une éducation
Ne pas céder
Lui interdire certaines pièces
Manger avant lui
Prendre le chien par la peau du cou

Les troubles du comportement liés à l'anxiété

L'anxiété est une des bases de certains troubles et elle recouvre de nombreuses expressions. L'anxiété du chien n'est pas un mythe. Le Pinscher en est souvent victime.

On peut déceler ce trouble chez le chiot. L'origine en est souvent une mauvaise socialisation. Dans quelles circonstances a-t-elle été mal réalisée ? Cela est très important à étudier car l'intérêt est de savoir si le maître peut agir et comment, une fois le trouble apparu.

Origines

La perturbation de l'étape de socialisation peut être due à plusieurs facteurs.

Le chiot peut avoir vécu dans de grands élevages dans lesquels il a été très peu manipulé.

Le chiot peut être vendu assez tard et dans ce cas la phase de socialisation est dépassée.

Le chiot orphelin élevé par une seule personne n'a pas été mis en contact avec d'autres animaux.

Certains chiots sont isolés dans les chenils pour cause de maladies.

Il est donc fondamental de demander et de vérifier que le chiot a bien été socialisé lors de l'achat. (Dans quelles conditions vit-il, a-t-il vu d'autres animaux...).

On peut distinguer des manifestations de l'anxiété chez le chiot et chez l'adulte. Chez le chiot, il existe le syndrome de privation, le syndrome de séparation et l'énurésie du chiot. Chez l'adulte, nous trouvons des troubles d'anxiété sans agressivité ou avec agressivité.

Les réactions du chien anxieux sont classées selon deux types.

L'activité de substitution dans laquelle le chien cherche à diminuer la tension résultant de son anxiété et trouve des activités « calmantes » : léchage, alimentation, automutilation...

L'activité agressive au cours de laquelle le chien devient agressif, il ne connaît plus l'inhibition de la morsure et ne prévient plus. Tous les rituels de l'intimidation avant l'agression ont disparu. C'est donc un animal dangereux car imprévisible. Ces comportements résultent d'un état d'anxiété. Il est très important de comprendre qu'un trouble du comportement peut avoir des origines différentes. L'agressivité par exemple peut découler de l'anxiété ou d'une mauvaise hiérarchisation comme nous le verrons plus loin.

Les manifestations de l'anxiété

Elles sont regroupées sous différents syndromes : le syndrome de séparation, l'hyper-attachement...

Pinscher moyen au port ferme et altier © Français/Cogis

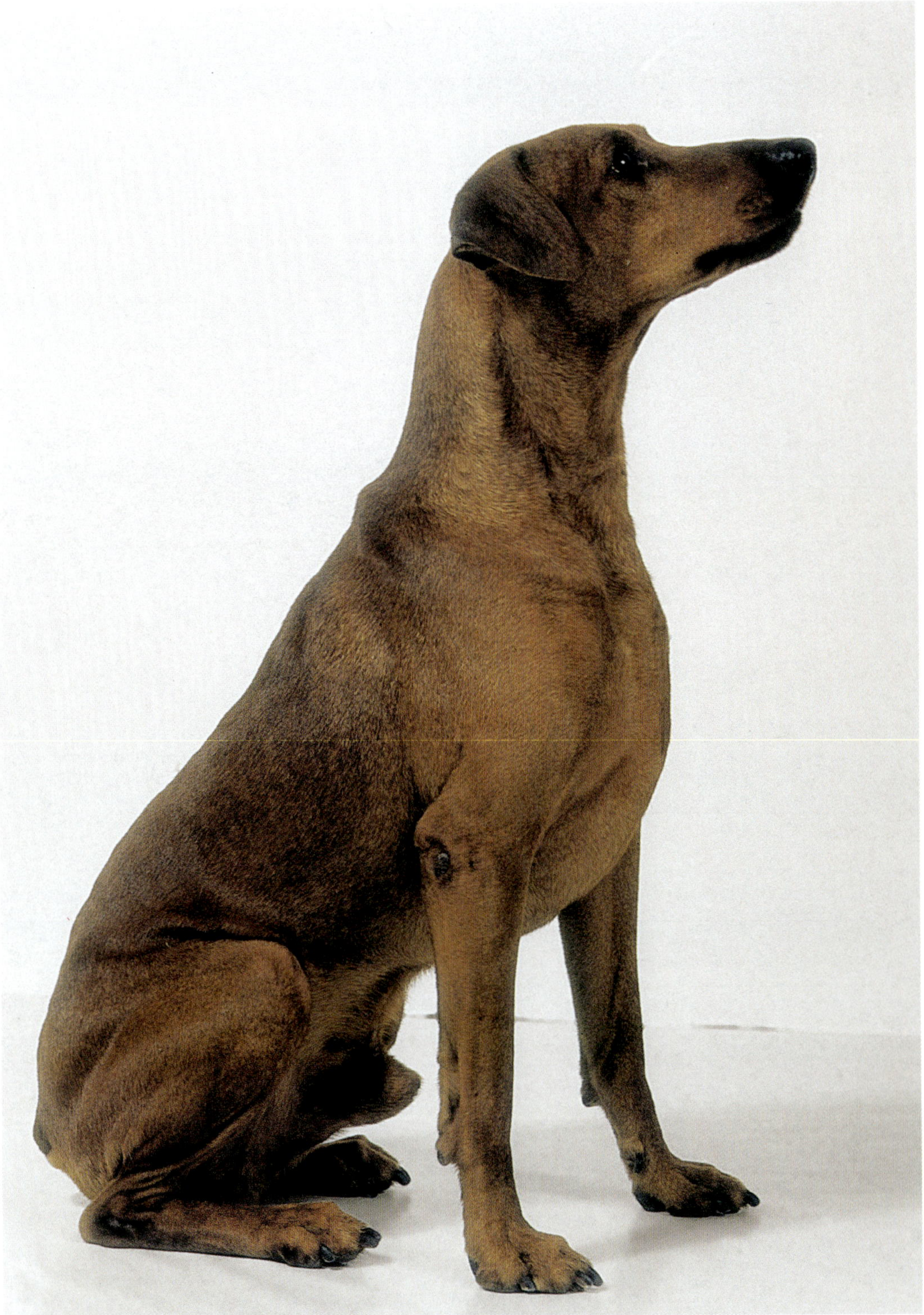

Portées droites, les oreilles du Pinscher expriment sa fierté et ses bonnes dispositions ; repliées vers l'arrière ou sur elles-mêmes, elles manifestent la peur et la soumission © Français/Cogis

Le syndrome de privation

C'est un des troubles du comportement les plus fréquents chez les chiens qui viennent d'arriver chez leur nouveau maître. Le pourcentage de cette affection est beaucoup plus élevé chez les chiots élevés en chenil. Le syndrome de privation est parfois nommé « la maladie du chenil ».

C'est essentiellement un trouble rencontré chez le chiot.

Origines

« Privation » signifie privation de stimulations. Les chiots ont été élevés dans un univers très pauvre en stimulations de la vie (bruits, lumières, sons, images visuelles...).

Les chiens qui en sont atteints sont surtout des chiens élevés dans des conditions de stimulations peu riches, à la campagne par exemple et qui subitement sont transférés dans un environnement très riche qui les déstabilise (la ville).

Le citadin qui achète un chiot à la campagne est la « cible » idéale.

La venue chez le maître est pour le chiot un choc considérable et tout est source d'anxiété car inconnu. Il n'arrive pas à trouver l'attitude à adopter face à la situation nouvelle. Ses émotions sont trop fortes par rapport à la situation et l'incompréhension s'installe entre le maître et le chiot. En effet, la première manifestation est le refus du chiot de sortir avec son maître qui est très mal ressenti par ce dernier.

Les premiers signes pathologiques apparaissent entre 4 et 6 mois. Le chiot manifeste un état de peur quasi permanent face aux bruits et images de son nouvel environnement car il n'y est pas habitué. On comprend alors l'importance de la phase durant laquelle le chiot doit être mis en contact avec de nombreuses stimulations.

Le risque est que ces chiens développent alors un comportement de peur permanente face à des situations ordinaires.

Symptômes

Les premiers signes apparaissent entre 4 et 6 mois. Les maîtres se trouvent face à un animal qui a peur en permanence et qui n'est pas réceptif à leur éducation.

La maladie débute par une phase d'anxiété de privation et peut évoluer vers une phase de dépression.

• La destruction
Un des signes d'anxiété chez le chiot est la destruction des objets de la maison (canapé), ou de la voiture lorsqu'il est seul. Le fait de repositionner le chiot dans un environnement très calme peut faire disparaître ces symptômes.

• L'autodestruction
Le chien s'en prend à lui-même et se mutile. Le retour à un lieu pauvre en stimulations fait régresser les troubles sans régler pour autant le problème.

Ces deux attitudes sont faciles à guérir si le maître est aidé. Ce stade d'anxiété n'est pas catastrophique.

Mais il peut évoluer vers une situation plus critique. Le comportement social du chiot est alors très étrange. Il est complètement inhibé. Le chiot refuse tout contact avec son maître et fuit toujours son regard. Le chiot parait avoir peur de tout objet nouveau. Il ne se nourrit pas ou attend la nuit pour le faire. Les maîtres sont désemparés par cette situation et le fait de forcer le chiot ne fait que renforcer son trouble. Le chien peut être agressif.

• La dépression
Le dernier stade de l'anxiété conduit à la dépression. Le chiot semble complètement indifférent à son environnement et adopte des attitudes qu'il répète inlassablement tel un lion en cage.

Il est très dur de mettre en place une thérapie à ce stade. On comprend l'importance de la prévention et l'attention qui doit être portée aux conditions d'élevage du chiot.

Le syndrome de privation est plus un problème d'éleveur qu'un problème de maître qui entre en jeu trop tard ; mais l'éleveur, cela peut être vous.

Le syndrome de séparation

C'est également un résultat de l'anxiété chez le chiot.

Le Pinscher est un animal social et la solitude n'est pas quelque chose de normal pour lui. Cette situation peut même devenir très perturbante si elle n'est pas acquise progressivement.

Origines

Lorsque le maître achète un chiot, c'est pour ce dernier une étape très difficile à vivre. Il est brusquement séparé de sa mère et des chiots de la portée. Le chiot va alors rechercher l'affection de son nouveau maître qui est tout disposé à lui donner. Mais un juste milieu doit être trouvé entre le fait de rassurer le chiot et de le surprotéger. Le maître doit savoir « repousser » le chiot sinon il crée une dépendance affective nocive pour l'équilibre du chiot.

Le syndrome de séparation survient aussi fréquemment après une période de vie commune et un brusque changement. C'est le cas lorsque l'on fait l'acquisition d'un chiot pendant les périodes de vacances puis que le travail reprend.

Symptômes

Le syndrome de séparation s'exprime par un refus total de la solitude. Le chien hurle, gratte les portes sans pouvoir se contrôler. L'attitude des maîtres qui grondent le chien ne fait qu'envenimer la situation.

Le chien ne pouvant agir sur son environnement va développer rapidement un état d'anxiété qui va augmenter l'intensité des manifestations pathologiques : léchage, boulimie, automutilation.

On va alors ensuite passer au stade de la dépression. Le chiot devient indifférent à tout ce qui l'entoure. Le processus d'évolution est un peu le même que pour le syndrome de privation bien que l'origine soit différente.

L'anxiété d'hyperattachement

Cela est très fréquent, complètement sous la responsabilité des maîtres qui souvent refusent cette accusation. Une remise en cause de leur attitude est pourtant indispensable au traitement. Les liens affectifs qui lient la mère au chiot sont très forts durant un certain temps mais la mère provoque ensuite un détachement en repoussant le chiot. Instinctivement, elle le prépare pour son indépendance future. Certains maîtres font le contraire avec leur chiot. Le maître considère le chien comme un chiot et non un adolescent et l'intensité des liens n'aide pas le futur chien à faire face aux situations de la vie sociale. Une anxiété d'hyperattachement se développe alors. En l'absence de son maître, le chien est très nerveux. Dès qu'une situation inconnue se présente, il recherche le réconfort de son maître ce qui ne fait que renforcer son attachement. Le chien est toujours nerveux, très excitable, pleure souvent. Les maîtres ne peuvent plus vivre en société avec un chien qui est insupportable et le cercle vicieux est installé.

Ce sont essentiellement les petites races qui sont victimes de cette pathologie car les maîtres leur donne un rôle d'enfant. Le traitement doit commencer par la persuasion du maître. Il faut qu'il comprenne que la pathologie vient de lui.

L'énurésie

Cette affection ne se manifeste qu'au cours du dressage.

L'éducation du chiot n'est pas celle qui lui faudrait et il développe un état d'anxiété se manifestant par un manque de contrôle de l'émission d'urine. Il est très important de tenir compte de la personnalité du chiot pour l'éduquer.

Le maître doit reprendre son éducation et doit faire une plus grande place au jeu pour rassurer le chiot. Cette pathologie est assez facile à traiter si le maître veut bien se remettre en cause. Nous avons évoqué ce problème. L'éducation met en jeu la vie passée du chiot, le tempérament de la race, son propre tempérament et l'attitude du maître. Vous devez vous cerner sur le plan psychologique.

Les dépressions

Deux notions sont fondamentales pour un bon développement du chiot.

Les notions d'attachement maternel et d'imprégnation. Le chiot est au départ très dépendant de sa mère avec qui il tisse des relations très intenses et ce avant qu'aucun maître n'intervienne dans l'éducation du chiot.

C'est pour le chiot la première image physique dont il s'imprègne entre trois et huit semaines. Cette période dite d'imprégnation va lui permettre de reconnaître ses congénères et notamment de les identifier plus tard comme des partenaires sexuels.

Si ces liens n'ont pas pu s'établir dans un déroulement normal, le chiot n'a plus aucun repère et son équilibre en est troublé.

Les dépressions sont souvent le dernier stade évolutif des états d'anxiété comme nous l'avons évoqué précédemment. Il existe des dépressions chez le chiot et chez l'adulte.

Pinscher autrichien vu de profil © Français/Cogis

La dépression du chiot ou la dépression de détachement

Ce sont malheureusement des affections toujours très graves. Le chiot est en plein « façonnage » et toute erreur de « construction » est fatale.

Le chiot est souvent très calme, ce qui pour les maîtres est une qualité. Mais le chiot va rapidement se révéler insensible au monde extérieur, il fuit le contact visuel ou tactile. Le chiot ne supporte pas qu'on le prenne dans les bras, il hurle et il ne joue pas.

Le chiot sera ensuite incapable de sortir dans la rue, il ne se déplacera pas d'un centimètre. Il adoptera un comportement typique de la dépression.

Les dépressions de l'adulte

Le chien est complètement insensible à son environnement et incapable de réagir par luimême. Il existe plusieurs types de dépressions.

La dépression réactionnelle

Elle fait suite à un choc important ou à un stress ponctuel ou permanent.

Cela peut faire suite à la perte d'un compagnon, à un accident ou à un changement important de l'environnement du chien. Le chien ne bouge plus, ne mange plus et peut gémir continuellement.

Le cas du chien qui perd un animal avec lequel il a vécu plusieurs années est très significatif.

La dépression d'involution

Le chien semble retomber en enfance et avoir oublié tout ce qu'il a appris. C'est souvent le cas du chien âgé qui entre en phase de sénilité.

L'animal devient sale, gémit sans cesse…

Les antidépresseurs donnent de très bons résultats si les maîtres ont la patience d'attendre un peu.

Vous l'aurez compris, il faut absolument préserver le chiot de ces troubles du comportement par une prévention efficace. Cela reste l'attitude de base pour aborder un trouble très « destructeur » : l'agressivité.

Ce comportement est très redouté par les maîtres ; il faut savoir que l'agressivité peut recouvrir différentes formes et différentes étiologies.

Chez le Pinscher, ce comportement est fréquent mais pas incurable.

L'agressivité

Il peut exister une agressivité normale qui est un instinct de survie à l'état sauvage. Mais l'agressivité « utile » n'est pas nuisible à autrui et n'a pas pour seul but la rébellion contre des règles établies. Il faut différencier les comportements d'agression interspécifiques et intraspécifiques.

L'agression intraspécifique

Ce sont des comportements de menace et de passage à l'acte entre deux espèces différentes. Elle est souvent due à des relations de prédateurs à proie, ce qui n'est pas le cas dans l'agressivité envers l'homme.

L'agression interspécifique

Elle concerne les individus d'une même espèce pour la défense d'un territoire, d'une position hiérarchique, etc.

L'attitude agressive

Quelle que soit la raison d'une agression, le chien présente souvent les mêmes attitudes : le chien a le poil hérissé, les babines retroussées, il grogne s'il est sûr de lui, la queue est relevée ; s'il a peur elle est baissée.

Le chien le plus dangereux est celui qui ne présentera pas ces signes avant l'attaque.

Définition de la morsure

La morsure peut être un simple pincement souvent minimisé par les maîtres ; de même, quand le chien mord puis lâche tout de suite, les maîtres

Pinscher moyen aux oreilles non coupées © Français/Cogis

considèrent cela moins grave que celui qui s'acharne. Il n'en est rien. Le chien qui pince a conscience de sa force et de sa position de dominant. Il se croit suffisamment fort pour s'autoriser à ne donner qu'un avertissement : c'est le plus dangereux de tous.

L'inhibition de la morsure

Nous revenons sur cette notion pour comprendre à quel moment peut prendre naissance le comportement de morsure.

Vers 4 à 5 semaines, durant la période de socialisation, le chiot prend conscience que la morsure peut faire mal à autrui. Le chiot mordu crie et le mordeur arrête de le mordre. Le chiot apprend donc très rapidement à ne plus mordre ses congénères.

Les origines de l'agressivité

Il est difficile de dire exactement pourquoi un chien mord mais il est possible d'envisager des hypothèses.

La remise en cause des relations hiérarchiques

Les attitudes de dominance du chien sont évidentes. L'agressivité peut être dirigée soit vers un autre animal soit vers un humain. Elle se manifeste de préférence en situation de compétition pour un objet, pour une place sur le fauteuil… Le maître n'a pas fait suffisamment comprendre au chien qu'il était le maître et que ces relations de hiérarchie étaient définitives. Le maître doit rester le dominant.

L'importance du détachement maternel

La mère repousse son petit au moment de la puberté. Lorsque le chien est acheté à huit semaines, c'est au maître de réaliser ce détachement car il est considéré comme le substitut maternel. Si ce détachement n'est pas fait, le chien adulte va se trouver en situation de rivalité avec son maître. Si le maître câline un peu trop la chienne qui devient sexuellement adulte, l'animal n'a plus le détachement nécessaire vis-à-vis de son maître pour être équilibré.

Si le maître remet ensuite en question ce statut de privilégié de l'animal en exigeant qu'il reste au pas de la porte de la chambre par exemple, le chien ne comprend plus ce changement, n'accepte pas la situation et mord.

Les différents types d'agressivité

Une classification de l'agressivité a été établie permettant d'en trouver l'origine.

- L'agression par remise en cause des relations hiérarchiques.
- L'agression dite prédatrice.
- L'agression entre mâles.
- L'agression par peur.
- L'agression par irritation.
- L'agression territoriale.
- L'agression maternelle.
- L'hyperagressivité du vieux chien.

L'agression par remise en cause des relations hiérarchiques

Elle est aussi appelée agression de dominance. L'animal a des attitudes de domination sur son entourage. Le chien le plus dangereux reste celui qui mord, lâche sa prise et semble sûr de lui. Il n'a aucun remords en lâchant prise contrairement au sentiments des maîtres.

Si le chien ne lâche pas prise, les morsures sont plus graves mais le chien est moins sûr de lui. Mais il prendra rapidement de l'assurance en voyant que son attitude engendre la peur de son entourage.

L'enfant est la cible principale de ce type d'agression car il représente un rival sur le plan affectif. Le chien qui n'a pas sa place de dominé dans la famille va se sentir en conflit avec l'enfant.

Il est donc fondamental de donner à un chien une position de dominé au sein de la famille.

L'agression prédatrice

Elle est souvent très violente. Elle est déclenchée par un mouvement comme un vélo, une personne qui court ou un enfant qui remue. Souvent elle est dépourvue du stade de menace. Elle est plutôt rare chez le chien.

L'agression entre mâles ou femelles

Elle est d'origine sexuelle. Elle provient d'un comportement instinctif de lutte pour un territoire. Elle semblerait diminuée par la castration car très dépendante des hormones.

L'agression par peur

Le chien a peur mais en plus il est dans une situation bloquée

Le terme « Pinscher » désigne communément deux races que l'on confond parfois : le Pinscher à proprement parler, ou Pinscher moyen, et le Zwergpinscher, ou Pinscher nain. Ici, Pinscher moyen © Français/Cogis

car il ne peut pas fuir. Sa seule défense est alors l'agression. Il existe pour le chien comme pour tous les animaux une distance critique en deçà de laquelle le chien ne se sent plus en sécurité pour échapper à un danger. L'animal mord pour rétablir la distance et éloigner le "prédateur". Les morsures sont souvent très fortes.

C'est le cas classiques des agressions sur les enfants qui jouent par exemple avec le chien sous la table ou du chien attaché à une laisse que l'on a bien énervé en s'approchant et reculant de lui.

L'agression par irritation

Elle est souvent déclenchée par la douleur. C'est l'exemple type du chien accidenté qui mord son maître alors que celui-ci est en train de le secourir. C'est aussi le cas de l'animal qui voit et entend moins bien et qui est surpris par un mouvement qu'il ressent comme une agression.

L'agression territoriale

Elle est provoquée chez le chien par un sentiment de garde d'un lieu ou d'une personne. Là encore nous retrouvons à l'origine de cette agressivité un problème de hiérarchie. Le chien se considère comme le dominant et il impose sa loi de défense. Le chien n'a pas été suffisamment repris lors de la première agression de ce type qui peut se situer vers 6 mois.

L'agression maternelle

Cette réaction de défense vise à protéger le nid et la portée. Le mère mord tout ceux qui s'approchent des chiots. Ce comportement est sous dépendance hormonale. Elle peut aussi avoir ce comportement avec un jouet. Une période délicate est celle de la grossesse nerveuse où la mère peut développer ce type d'agressivité sans avoir de petits.

L'hyperagressivité du vieux chien

Les vieux chiens sont souvent très irritables, essentiellement les mâles. Il faut rechercher des causes de douleurs ou une diminution de certains sens comme l'ouïe ou la vision.

Le caractère du Pinscher semble calqué sur la linéarité de ses formes © Lanceau/Cogis

Chien de compagnie à la forte personnalité, le Pinscher demande beaucoup d'attentions © Français/Cogis

Le chien qui a essayé de mordre une première fois et qui a obtenu satisfaction par le recul de « l'agresseur » par exemple va renforcer ce comportement. C'est pour cela qu'il ne faut jamais accepter une première morsure en l'excusant en fonction de la situation.

Législation sur les animaux mordeurs

Un animal qui mord quelqu'un ou un autre animal doit subir trois visites de contrôle, à une semaine d'intervalle, chez un vétérinaire qui l'examinera et délivrera des certificats à chaque visite. Lors de la dernière consultation, un document sera remis au maître attestant que son animal était indemne de rage au moment de la morsure. Ces examens sont à faire, que l'animal soit vacciné ou non contre la rage.

La castration est-elle une solution ?

Cela peut donner une amélioration en cas d'agressivité sexuelle mais une persistance des hormones sécrétées par la glande surrénale conduit parfois à l'échec.

L'agression est un comportement normal chez le chien mais il doit suivre un rituel précis et doit être adapté à la situation. L'agression devient pathologique quand elle ne correspond à aucune situation valable ou qu'elle est fréquente et disproportionnée par rapport à la cause. L'agression pathologique ne respecte pas les signaux d'alerte. Elle n'est en aucun cas excusable.

En cas d'agressivité, le maître doit assumer cet état de fait et accepter de consulter un vétérinaire spécialiste. Cette prise de conscience est un grand pas vers l'amélioration. Nous n'évoquerons pas ici les méthodes de traitement qui reste le savoir des thérapeutes.

La compréhension des mécanismes d'apparition de l'agressivité en permet la prévention par le maître.

CONSEILS POUR ÉVITER LES MORSURES

• Aux enfants

Ne pas crier
Ne pas courir
Ne pas approcher un chien inconnu
Ne pas jouer sous les meubles
Ne pas empêcher un chien de partir
Ne pas faire mal à un animal
Ne pas réveiller un chien
Ne pas s'accroupir devant un chien pour jouer

• Aux parents

Ne pas laisser un enfant donner à manger à un chien
Un enfant ne doit jamais rester seul avec un chien
Une morsure se lave au savon de Marseille. Il faut ensuite consulter un médecin car la prise d'antibiotiques est recommandée pour éviter les infections.

Un Pinscher à la vision parfaite © Lanceau/Cogis

LES MALADIES OCULAIRES CHEZ LE PINSCHER

L'œil est sans aucun doute l'organe le plus volontiers affecté par les maladies héréditaires. Les ophtalmologistes vétérinaires utilisent une terminologie complexe pour définir de très nombreuses affections. Sans simplifier à outrance, tentons de mieux comprendre, structure par structure, ce que sont ces maladies qui compromettent parfois la vision de nos compagnons.

Sachez que, pour le propriétaire d'un Pinscher nain, le dépistage des tares oculaires est obligatoire pour que leur compagnon ait des chances d'être confirmé « Premier choix ».

Quelques définitions

Une affection, quelle qu'elle soit, peut être héréditaire, congénitale ou acquise.

Vous vous souvenez tous des petits pois de Mendel !

L'hérédité est un phénomène très complexe. L'essentiel est de savoir qu'une affection héréditaire se transmet d'une génération à l'autre. Elle peut s'exprimer à la naissance ou durant la vie de l'animal.

Mais elle peut aussi ne jamais ressortir et se transmettre en secret dans le cas d'un mode de transmission dit récessif .

Une affection congénitale s'exprime forcément à la naissance mais n'est pas obligatoirement héréditaire.

Une affection acquise fait suite à un événement de la vie (traumatisme, infection...) du chien et ne se transmet pas génétiquement.

Les entropion et ectropion peuvent être héréditaires ou acquis.

Lorsqu'ils sont héréditaires, le mode de transmission est dominant, et l'anomalie est congénitale. Elle s'exprime donc très rapidement après la naissance.

Dominant, récessif

Les parents transmettent chacun la moitié des chromosomes à leur petits.

Certaines anomalies dites « récessives » ne s'expriment physiquement que si les deux parents sont porteurs des gènes anormaux.

Il est, dans ce cas, très difficile de détecter le problème chez les parents car ce n'est que l'association des deux chromosomes porteurs qui entraîne l'apparition physique de l'anomalie chez le chiot.

Si l'un des deux parents uniquement est atteint, l'anomalie reste secrète mais se transmet quand même d'une génération à l'autre.

Les anomalies dites « dominantes » s'expriment quand l'un des deux parents ou les deux portent le gène anormal.

La prévention est alors plus facile car l'apparition du défaut physique est obligatoire.

Un globe, des membranes, des protections

La structure de l'œil est assez simple. Chaque élément a une fonction très particulière.

Les paupières, inférieures et supérieures, sont mobiles sur le globe oculaire et en assurent la protection.

Elles sont bordées de cils sur le « bord libre », cils qui jouent le rôle de filtration.

La structure du globe oculaire en contact avec l'air est la cornée. C'est une fine membrane transparente et très fragile.

Le cristallin se situe derrière et forme une lentille également transparente, qui ne laisse plus passer les rayons lumineux lorsqu'elle s'opacifie (cataracte).

L'élément essentiel de la vision est la partie la plus postérieure de l'œil, sur laquelle se forment les images : la rétine. Son altération entraîne souvent la cécité.

La conjonctive est la muqueuse qui tapisse l'intérieur des paupières et qui n'est jamais en contact direct avec l'air.

En position normale les cils sont dirigés vers l'extérieur et ne touchent donc jamais la cornée.

En cas d'entropion, ils vont entrer en contact avec cette structure et entraîner des inflammations.

En cas d'ectropion, la paupière ne jouera plus son rôle possesseur et la conjonctive sera exposée aux agressions extérieures.

Microphtalmie

C'est une anomalie congénitale et héréditaire du globe oculaire qui est d'une taille trop petite par rapport à l'orbite. Elle touche un œil ou les deux. Elle peut être asymptomatique (appelée alors nanophtalmie), mais elle est très souvent associée à des malformations de la rétine, de l'uvée ou du cristallin, et dans ce cas, la vision sera diminuée. Une microphtalmie ne peut être traitée, et le pronostic dépend de chaque individu. Les animaux atteints devraient être éloignés de la reproduction.

Distichiasis

Des cils viennent irriter la cornée. Cette anomalie existe pour plusieurs races, mais est très fréquente chez celles de petite taille

Le traitement sera d'une part symptomatique et d'autre part chirurgical, visant à exciser les cils aberrants

Entropion

C'est un enroulement de la paupière vers l'intérieur du globe oculaire, commun à de nombreux chiens. Même lorsqu'il n'irrite pas la cornée, il est souvent gênant car il provoque un épiphora (écoulement) indésirable.

L'entropion : un peu, moyennement, beaucoup

L'affection est souvent présente au niveau des deux yeux. On évoque alors un caractère « bilatéral ».

L'enroulement peut concerner toute la paupière ou seulement une partie.

Scientifiquement, on classe les entropions en fonction de leur intensité.

Il est dit « limité » lorsque le bord n'est retourné que de 45 degrés, « modéré » lorsqu'il est de 90 degrés et « grave » lorsqu'il atteint 180 degrés.

Il est plus souvent situé sur la paupière inférieure mais peut atteindre la paupière supérieure.

Congénital, héréditaire ou acquis ?

Il existe de nombreuses races chez qui l'entropion se transmet de façon héréditaire. La malformation se déclare à la naissance. Elle est donc héréditaire et congénitale.

Une belle acquisition !

L'entropion acquis concerne toutes les races de chiens. L'origine peut être un traumatisme, un corps étranger, un ulcère...

Il fait parfois suite à une suture palpébrale.

Toutes ces affections entraînent un blepharospasme (mouvement incontrôlé de la paupière) suite à l'irritation de la paupière qu'elles provoquent.

Cette mobilité permanente conduit à un enroulement progressif de la paupière.

Le traitement de la cause suffit souvent à résorber ce phénomène qui se remarque facilement.

Acquis, héréditaire : mêmes conséquences

Les conséquences de cette pathologie sont un larmoiement permanent (appelé épiphora), comme nous l'avons vu plus haut, une inflammation de la cornée (ou kératite) qui peut conduire à un ulcère. La paupière est sujette à des spasmes.

Les cils, qui se trouvent en contact anormal avec la cornée, font office de papier de verre. Ils frottent en permanence sur cette membrane très fragile.

Le premier stade est celui de la kérarite.

Il se forme une zone blanchâtre plus ou moins étendue. Des vaisseaux rouges apparaissent tout autour de la zone d'inflammation sur la cornée. L'œil réagit par un écoulement et une conjonctive.

Le deuxième stade est celui de l'ulcère. Un petit trou se

Les yeux de ce Pinscher sont de toute évidence en parfait état © Lanceau/Cogis

Si vous disposez d'un jardin ou d'une cour, même de petite dimension, le Pinscher pourra en faire son royaume
© Lanceau/Cogis

creuse dans l'épaisseur de la cornée.

L'ulcère n'est pas toujours évident à voir à l'œil nu.

Un test dit « test à la fluorescéine » est pratiqué par le vétérinaire. Un collyre de couleur orange est instillé dans l'œil puis rincé avec du sérum physiologique. Il vire alors au vert fluo. L'œil est bien rincé et si une tache verte persiste sur la cornée, cela met en évidence un trou dans lequel s'est logé le collyre.

Il sera important de traiter l'ulcère avant d'intervenir sur l'entropion.

L'origine

Le muscle appelé « muscle orbitaire » a parfois un tonus trop important et tire vers l'intérieur la paupière inférieure. Cette hypertonicité peut être cumulée, comme chez certaines races dont le Shar-Peï, avec une peau très lâche qui facilite l'enroulement de la paupière.

La microphtalmie (globe oculaire trop petit) peut aussi être à l'origine de l'entropion. Le globe oculaire laisse un espace libre dans lequel s'enroule la paupière. C'est le cas chez le Beauceron, le Dogue de Bordeaux, le Berger d'Écosse…

Il est très difficile de lutter contre la cause, ce qui est très regrettable ; on ne pourra donc qu'agir de façon curative et non préventive.

Pour l'entropion acquis, tout traumatisme peut entraîner cette affection. Il n'y a donc pas une origine possible mais plusieurs (voir plus haut), ce qui peut compliquer bien évidemment l'etablissement d'un diagnostic.

Le traitement

La chirurgie s'impose pour l'entropion congénital. Les techniques sont diverses.

Pour l'entropion acquis, il faut en premier lieu établir un traitement visant à soigner l'origine.

La technique chirurgicale

On pratique une incision sous la paupière, on retire un bout de peau et la suture de cette plaie artificielle permet d'exercer une traction sur la paupière qui se déroule.

L'ablation du morceau de peau peut également se faire au niveau de l'angle externe de l'œil.

La dimension de l'incision est laissée à l'estimation du chirurgien. L'animal étant endormi il faut envisager l'étendue de la suture avant l'anesthésie.

Les traitements médicaux

Les ulcères sont soignés avec des collyres cicatrisants de la cornée, un collyre antibiotique pour éviter les surinfections.

Ectropion

C'est un enroulement vers l'extérieur du bord libre de la paupière inférieure.

L'ectropion acquis

C'est essentiellement l'âge qui en est le principal facteur. Les vieux chiens sont victimes d'un relâchement de la peau et les paupières s'affaissent parfois.

Les cicatrices sont également une cause favorisant l'apparition de l'ectropion.

Les conséquences

La conjonctive, protégée en permanence par les paupières, se trouve en contact avec l'air. Elle n'est pas prévue pour cela, une inflammation se développe donc très rapidement entraînant le syndrome de l'œil rouge. Les vaisseaux sont dilatés, l'œil pleure.

Le traitement

Il est chirurgical et médical

La technique chirurgicale

Une incision en V est pratiquée sous la paupière, ce morceau de peau est ensuite décollé mais non enlevé. On le suture de façon à remonter le pli de peau vers la cornée.

Les fils seront positionnés de telle sorte qu'ils ne touchent pas la cornée. Ils sont retirés 10 jours après l'intervention.

Le traitement médical

Il consiste à traiter la conjonctive et les surinfections éventuelles.

Le post-opératoire

Le principal obstacle réside dans les démangeaisons qui poussent le chien à se gratter.

Il peut être muni d'une collerette. Les pattes arrière peuvent également être entourées dans des pansements évitant l'action des griffes lors du grattage.

L'œil doit être désinfecté tous les jours.

L'aspect juridique

L'entropion, l'ectropion peuvent-ils être considérés comme des vices rédhibitoires ou cachés et annuler une vente ?

Un vice rédhibitoire est un défaut inconnu de l'acheteur, grave et antérieur à la vente qui est répertorié légalement.

Un vice caché est un défaut caché rendant l'animal impropre à l'usage auquel il était destiné par l'acheteur (chien de chasse ayant peur des coups de fusil par exemple) .

Les vices rédhibitoires sont déterminés par la loi. L'entropion et l'ectropion n'en font pas partie.

Les vices rédhibitoires des chiens sont :

- la maladie de Carré ;
- l'hépatite contagieuse (maladie de Rubarth) ;
- la parvovirose ;
- l'ectopie testiculaire (à plus de six mois) : cela définit la non-descente des testicules dans les bourses ; ils sont, soit dans l'abdomen, soit sous la peau ;
- l'atrophie rétinienne : c'est une maladie oculaire qui, détruisant la rétine, peut conduire à la cécité en quelques années ;
- la dysplasie coxofémorale : anomalie de conformation de l'articulation de la hanche.

Mais si un chien a été acheté pour être un reproducteur et que cela a été mentionné sur le certificat de vente, l'entropion ou ectropion pourront être considérés comme des vices cachés si l'animal avait été opéré ou si cela ne se voyait pas au moment de la vente.

Il existe trois procédures juridiques essentielles : l'action en garantie pour vice de consentement, pour vice rédhibitoire ou pour vice caché (qui est un vice n'étant pas mentionné dans la liste légale).

Le vice de consentement se fait en cas de tromperie (appelée dol) par le vendeur ou d'erreur sur les qualités de l'animal acheté. Celles-ci devant être stipulées sur le contrat de vente (animal destiné à la reproduction, à la vente, à la chasse...)

Vous devez alors vous présenter au greffe du tribunal d'instance du domicile du vendeur pour déposer une demande de nullité de vente dans un délai de cinq ans après la découverte du problème.

Il faut prouver que l'animal est impropre à l'usage souhaité.

Vous pouvez obtenir l'annulation de la vente ou le remboursement d'une partie du prix

La confirmation est-elle possible ?

L'entropion et l'ectropion sont des défauts éliminatoires qui entraînent la non confirmation.

Atrésie du canal lacrymal inférieur

La non-perforation du point lacrymal inférieur provoque également un épiphora le long de l'os nasal, inesthétique surtout chez les individus de couleur claire.

Le traitement est chirurgical mais, malheureusement, souvent décevant.

Kératite superficielle chronique

La couche superficielle de la cornée subit une prolifération, une vascularisation et une pigmentation souvent bilatérales et symétriques.

Cette kératite, qui touche surtout le Pinscher nain, est probablement due à un phénomène auto-immune.

Le traitement est médical, anti-inflammatoire, puis éventuellement chirurgical si les taches pigmentaires persistantes gênent la vision du Pinscher.

Glaucome

Cette augmentation de la pression intra-oculaire peut être congénitale. Le symptôme principal, qui est une buphtalmie (œil gros comme celui d'un bœuf), est présent dès la naissance du Pinscher ou apparaît quelques mois après. Le glaucome congénital est souvent bilatéral mais touche les yeux l'un après l'autre.

Le traitement est médical pour abaisser la pression intra-oculaire le plus rapidement possible, puis chirurgical si l'anomalie est réductible ou améliorable, ce qui n'est pas toujours le cas.

Les Pinschers sont également souvent touchés par des glaucomes secondaires à d'autres affections.

Voici un Pinscher dont aucun vice ne devrait empêcher la confirmation © Français/Cogis

Cataractes

L'opacification du cristallin peut être de plusieurs types : elle se développe à partir de un à deux ans, en général de façon bilatérale. Elle est tout d'abord corticale, puis progresse, mais peut régresser spontanément.

Elle peut aussi être liée à l'Atrophie rétinienne progressive (ARP) généralisée ; elle apparaît alors à 6-8 ans, est d'évolution assez lente et de localisation sous-capsulaire au départ.

Il est déconseillé d'opérer cette cataracte puisque l'ARP aura déjà causé une dégradation importante de la rétine et conduit à une perte de la vision.

Aplasie ou hypoplasie du nerf optique

Le nerf optique est absent ou de fonction réduite. Cette anomalie pourrait être héréditaire. Si l'anomalie est unilatérale, sa découverte sera fortuite à l'examen du fond d'œil : pupille absente ou diminuée, de couleur modifiée. Si elle est bilatérale, l'animal est dès sa naissance complètement ou partiellement aveugle

Atrophie rétinienne progressive généralisée

On peut trouver sous cette dénomination deux phénomènes héréditaires :

- une dysplasie des cônes et des bâtonnets : elle est précoce et progresse rapidement (l'animal est aveugle vers un an) ;
- une dégénérescence des cônes et des bâtonnets : elle est tardive (elle commence vers deux ans), progresse lentement (l'animal est aveugle vers quatre ans).

Dans les deux cas, il y a d'abord cécité nocturne (nyctalopie), puis diurne (héméralopie), puis totale. Une cataracte peut se développer par la suite.

Il n'existe pas de traitement. L'animal devra être écarté de la reproduction.

L'AGILITY

Pratiqué comme simple loisir ou comme sport de compétition, l'agility convient parfaitement au Pinscher.

Historique

Le 8 mai 1987, le premier concours d'agility en France se déroule dans un petit village de l'Allier situé non loin de Montluçon : Bizeneuille. Cinq équipes sont présentes ce jour-là pour ce qui est davantage une réunion pour se connaître et échanger ses points de vue sur la pratique de l'agility.

En juin débutent des stages d'agility-dog d'une semaine. Ils ont lieu à Saint-Gervais d'Auvergne.

Tout l'été, les élèves du LEPA vont poursuivre leurs démonstrations au cours de diverses expositions canines (Moulins, Aurillac, etc.).

Le 11 octobre 1987, le concours organisé par le Club d'Utilisation Canine de Saint-Gervais d'Auvergne connaît un franc succès. Onze clubs sont présents et près de 120 parcours sont jugés.

Près d'un an plus tard, le 29 juin 1988, la Fédération française d'agility voit le jour à Auxerre ; Monsieur Bruno Nicolas, éducateur canin à Dardilly près de Lyon, en est nommé président.

La Fédération Française d'agility s'inscrit dans l'optique : « l'agility doit être ouverte à tous ! »

Monsieur Jean-Paul Petitdidier, séduit par l'état d'esprit qui émane de l'agility, se charge alors d'un projet de règlement. Il voit dans tout ceci l'occasion d'enfin mettre au point le programme d'éducation canine susceptible de fidéliser une bonne partie des propriétaires de chien qui n'aspirent pas à la compétition de haut niveau dans les activités traditionnelles que sont le Ring, le RCI, le Pistage, etc.

Le projet développé par J.-P. Petitdidier s'inspire du modèle anglais mais en le modifiant de manière à faire en sorte que l'agility devienne un véritable sport canin venant en complément des disciplines de travail de la SCC déjà existantes. Pour ce faire, le projet se voit fixer trois grands objectifs :

– être accessible à toutes les races ;
– réussir le mariage entre l'activité sportive, la détente et l'éducation ;
– s'ouvrir à tous les chiens avec ou sans papiers.

C'est le 20 octobre 1987 que le projet est présenté à la CUN et dès le lendemain, la S.C.C. nomme une sous-commission agility rattachée à la CUN ; la mission de la sous-commission étant de définir son règlement définitif et

LISTE DES 9 PREMIERS CLUBS OFFICIELS D'AGILITY EN FRANCE

– Cercle canin Girondin (Tresses)
– Club d'éducation canine du Beauvaisis
– Amicale du chien d'utilité Sainte-Geneviève des Bois-Fleury Mérogis
– Club d'agility du Bois du Roy (Chaumes-en-Brie)
– Training club de Thionville
– Les amis du chien de défense 1978 (Strasbourg-Robertsan)
– Club du chien d'utilité de Sotteville-les-Rouen
– Nord agility club (Escaudoeuvres)
– Club de Montluçon – Lavault – Sainte Anne

Un couple de Pinschers (ici Pinschers moyens) peut vivre très heureux dans un petit appartement qu'il considérera dès le premier jour comme son habitat naturel © Lanceau/Cogis

d'assurer le lancement en France de l'agility. Le 2 décembre 1987, les propositions de la sous-commission et de la CUN sont approuvées par le comité de la SCC.

L'agility est homologuée le 1e janvier 1988.

Les obstacles

Les obstacles homologués par la Fédération Cynologique Internationale sont les suivants :

Les haies
Le slalom
Le viaduc ou le mur
Le tunnel rigide
La table
Le tunnel souple
La zone d'arrêt au sol
Le pneu
La passerelle
Le saut en longueur

La balançoire
La rivière
La palissade
Les cavalettis

Les obstacles ne doivent présenter aucun danger pour le chien et doivent répondre à des dimensions précises pour que l'épreuve soit conforme au règlement.

Les haies

Simples

Hauteur : 75 cm (mini agility : 40 cm).

Largeur : au moins 120 cm.

Entre les montants, peuvent être placés des barres, panneaux pleins, panneaux à claire-voix, panneaux avec balais. Une barre de chute doit toujours être présente hormis pour la haie-balai.

Doubles ou triples

Il s'agit d'un assemblage de haies simples. La largeur totale n'excèdera jamais 70 cm. Les haies doivent être montées par ordre croissant, la dernière devant être réglée à 75 cm.

Mur et viaduc

Hauteur : 75 cm (mini agility : 40 cm).

Largeur : au moins 120 cm.

Épaisseur : environ 20 cm.

Le mur est constitué de panneaux pleins. Pour le viaduc, les panneaux comprennent une ou deux ouvertures en forme de tunnel. Sur la partie supérieure de ces obstacles sont posés des éléments amovibles.

Le pneu

Hauteur de l'axe du pneu : 90 cm (mini agility : 55 cm).

Diamètre de l'ouverture : de 38 cm à 60 cm.

La partie basse intérieure du pneu doit être obstruée par sécurité.

Le saut en longueur

Longueur : 120 à 150 cm.

Largeur : 120 cm.

Dimension des éléments :

- largeur : 15 cm légèrement inclinés ;
- hauteur du plus élevé : 28 cm ;
- hauteur du plus bas : 15 cm.

Il est composé de 4 à 5 éléments écartés les uns des autres afin d'obtenir la longueur désirée. L'ensemble de l'obstacle doit être balisé par des piquets de 120 cm placés aux quatre coins.

La rivière

L'obstacle est composé d'un plan d'eau et d'une haie.

Plan d'eau :
surface : 120 cm × 120 cm,
hauteur : 10 cm maximum.
Haie :
hauteur : 40 cm.

Tout comme le saut en longueur, la rivière doit être balisée par des piquets de 120 cm placés aux quatre coins.

Les cavalettis

Un cavaletti consiste en une barre reposant sur deux plots.

Hauteur des plots : 30 cm.

Largeur de la barre : 120 cm.

Une combinaison de cavalettis comprendra au maximum quatre éléments espacés d'une égale distance de 160 à 200 cm.

Les zones

Les zones d'arrêt

La table

Surface : de 90 cm × 90 cm à 120 cm x 120 cm.

Hauteur : 75 cm (mini agility : 40 cm).

Elle doit être stable avec une partie supérieure antidérapante.

La zone d'arrêt au sol

Surface :120 cm × 120 cm.

Elle est matérialisée par un cadre de bois en lattes de 2 cm × 5 cm.

Les zones de contact

La passerelle

L'obstacle est constitué d'une rampe de marche horizontale et de deux rampes d'accès.

Hauteur : de 120 à 135 cm.

Longueur des rampes : de 360 à 420 cm.

Largeur des rampes : de 30 à 40 cm.

Les rampes sont pourvues de petits liteaux cloués tous les 20 à 30 cm pour faciliter l'accès et éviter les glissades.

Les parties inférieures des rampes d'accès devront être peintes (sur le et les champs) sur une longueur de 90 cm par rapport au sol pour délimiter la zone de contact. Un liteau ne pourra être posé qu'à au

Les Pinschers vivent assez longtemps et lorsqu'ils atteignent le troisième âge, ils changent de caractère, accentuant le besoin de chaleur, de paix et de tranquillité, qui les a toujours caractérisés © Lanceau/Cogis

moins 10 cm de la limite supérieure de cette zone.

La palissade

L'obstacle est constitué de deux éléments formant un angle de 90°.

Hauteur : de 170 à 190 cm.

Largeur en haut : 90 cm.

Largeur à la base : 115 cm.

Tout comme la passerelle, les rampes sont pourvues de liteaux tous les 50 cm et la partie peinte pour délimiter la zone de contact s'étend sur 10 cm en partant du sol. Si besoin est, il faudra fixer une faîtière de protection en caoutchouc au sommet de l'obstacle.

La balançoire

Longueur : de 365 à 425 cm.

Largeur : de 30 à 40 cm.

Hauteur du pivot : 1/6e de la longueur de la planche.

Les zones de contact sont identiques à celles définies pour la passerelle. L'ensemble doit être stable et antidérapant. Il faudra prévoir un endroit où fixer un contrepoids pour la mini-agility.

Le slalom

Il se compose de 8, 10 ou 12 poteaux d'une hauteur minimale de 100 cm. L'intervalle entre chaque poteau est de 50 à 65 cm.

Les tunnels

Le tunnel rigide

Longueur : 360 cm.

Diamètre : 60 cm.

Le tunnel est flexible pour permettre de former une ou plusieurs courbes.

Le tunnel souple

L'obstacle se compose d'une entrée en arceau rigide et d'une sortie en matériau souple.

Arceau : hauteur : 60 cm ;
largeur : 60 à 65 cm ;
longueur : 90 cm.

Sortie :
- longueur : 300 cm ;
- diamètre : 60 à 65 cm.

Les intervenants

Dans le cadre de la pratique de l'agility, hormis les autres pratiquants, un propriétaire de chien est amené à rencontrer deux types de personnages :

- les moniteurs ou éducateurs canins au sein des clubs d'utilisation ;
- les juges lors des épreuves officielles.

Le premier rôle de l'éducateur sera de créer la complicité maître-chien (qui engendrera l'harmonie du couple en concours par la suite). Ce lien va naître lors des séances d'obéissance pendant lesquelles le moniteur devra tout particulièrement veiller à ce que les maîtres n'emploient jamais la brutalité, tant par le geste que par la parole. Le minimum d'obéissance nécessaire pour la pratique de l'agility tient en trois domaines :

- les positions : « Assis », « Debout », « Couché » ;
- la marche au pied ;
- le « Pas bougé ».

Une fois ce résultat obtenu, les progrès ne se feront que plus rapidement.

La deuxième partie du travail consiste à faire posséder au chien tous les obstacles. Pour ce faire, le moniteur va faire appel à sa formation de terrain afin de trouver, en accord avec le maître, des trucs, des astuces visant à effacer les appréhensions, les craintes voire les incompréhensions du chien vis-à-vis des obstacles. L'esprit de la discipline étant à tendance ludique pour l'animal, les réticences disparaissent vite surtout si le chien ne peut associer un obstacle avec un mauvais souvenir (une réprimande ou une douleur par exemple).

Quelques exemples d'approche de différents obstacles par votre Pinscher

Balançoire

Lors des premiers contacts avec l'obstacle, il vaut mieux maintenir la balançoire et la faire redescendre tout doucement afin que le chien ne balance pas trop brusquement. Une fois qu'il aura assimilé le balancement accompagné, on pourra le laisser s'essayer tout seul.

Passerelle

Les premières fois, il vaut mieux étendre complètement l'obstacle au sol et faire marcher le chien dessus. Ensuite, on relèvera petit à petit le plateau jusqu'à sa hauteur réglementaire.

Ce Pinscher semble en parfaite condition pour les épreuves d'agility © Lanceau/Cogis

Slalom

Plutôt que de mettre les poteaux en ligne, on peut les disposer en quinconce et faire passer le maître au milieu, le chien marchant au pied. Petit à petit, on rapprochera les piquets de leur position réelle, le maître ne passera plus entre eux.

Les juges

Comme tous les autres juges d'épreuves d'utilisation, les juges d'agility sont nommés par le Comité de la SCC sur proposition de la Commission des juges. L'exécution de leurs fonctions ressort de la Commission d'Utilisation de leur discipline (dans le cas qui nous intéresse, la sous-commission agility), de la commission des juges et du comité.

D'une façon générale, la procédure de nomination des juges d'épreuves d'utilisation présente trois étapes :

- candidat juge ;
- juge stagiaire ;
- juge qualifié.

Les épreuves

Les épreuves sont toutes jugées selon le règlement défini par la SCC. Depuis juin 1990, les instances françaises de l'agility ont adopté le règlement de la FCI, dont nous verrons les détails par la suite.

On peut classer les épreuves en deux groupes : d'une part, les épreuves homologuées, et d'autre part, les épreuves non homologuées.

Pour chacune, le chien doit effectuer un parcours qui est créé par le juge au moyen des obstacles reconnus par la FCI, qu'il utilise et place à son gré.

Ce sont la difficulté du parcours et les obstacles employés qui permettent de différencier les épreuves entre elles.

Pour chaque épreuve, il existe deux classes différentes : la classe agility et la classe mini agility (ouverte aux chiens de moins de 40 cm au garrot). Tout ce qui sera dit pour chaque épreuve sera valable pour les deux classes ; il faudra simplement veiller pour la mini à ce que les obstacles soient aux normes définies et à ne pas faire des parcours trop longs (10 à 12 obstacles maximum).

Les épreuves homologuées

On définit ainsi les épreuves réservées aux chiens inscrits au LOF (Livre des Origines Français) ; ce sont les épreuves patronnées par la Société Centrale Canine.

Classe agility 1er degré

Elle est réservée aux chiens n'ayant pas encore obtenu leur brevet d'agility.

Le parcours comprend 10 à 16 obstacles. Le chien ne devra négocier au maximum que trois obstacles à zone de contact (ces trois obstacles étant laissés au choix du juge) ; deux de ceux-ci ne doivent jamais se succéder. Pour en finir avec les zones de contact, il faut signaler que ces obstacles ne seront jamais placés ni au départ ni à l'arrivée.

Le pneu et le saut en longueur, s'ils sont utilisés, ne doivent pas être placés dans un angle. Le slalom ne peut être passé qu'une seule fois. La position retenue sur la table est toujours « couché ».

Un parcours de 1er degré ne comporte pas de grosses difficultés dans son tracé et la vitesse d'évolution déterminant le temps du parcours standard est de l'ordre de 1,60 à 1,80 m/s.

Classe agility 2e degré

Elle est réservée aux chiens titulaires du brevet d'agility.

Le parcours comprend 16 à 20 obstacles. Le chien pourra négocier dans ce type d'épreuve quatre obstacles à zone de contact au maximum. La position sur la table pourra être « Assis », « Debout » ou « Couché ».

Le tracé du parcours sera plus difficile, comportant ainsi au moins deux changements de direction, tout en permettant toujours au chien d'évoluer avec aisance et sans heurts (c'est au juge de toujours bien faire la différence entre piège de conduite et mise en échec systématique du chien). La vitesse d'évolution est dans ces épreuves de 2,50 à 2,75 m/s, voire plus lors des finales.

Toutes les conditions de placement des obstacles du 1er degré sont valables aussi pour le 2e degré.

La cynophilie officielle

Le terme de cynophile désigne, en langue française, la personne qui aime et s'intéresse aux chiens et la cynophilie officielle est l'ensemble des règles et organismes qui permettent aux activités de sélection et de sauvegarde des races de prendre toute leur ampleur et d'avoir une identité propre.

Pendant longtemps l'espèce canine s'est reproduite au hasard des rencontres, sans qu'il y ait d'intervention de l'homme quant au choix des reproducteurs. Le chien a sans doute commencé par servir l'homme en tant qu'auxiliaire de chasse à qui ce dernier laissait quelque alimentation en échange de cette aide précieuse. Au fil du temps ces animaux sont restés en contact étroit avec les humains, allant jusqu'à partager une partie de leur vie, se reproduisant même dans leurs campements. Progressivement le chien a pu mettre en exergue d'autres de ses qualités : la garde des troupeaux et des personnes, la traction de charges, les diverses chasses... Les chiens bénéficient alors d'une sélection qui n'est plus tout à fait naturelle, mais qui n'est pas encore celle que nous connaissons à l'heure actuelle : tout d'abord l'évolution se fait en fonction du milieu dans lequel les chiens vivent, c'est-à-dire que leurs poils, leurs gabarits, leurs caractères s'adaptent aussi bien au climat de leur lieu de vie qu'au style de relief de ce dernier (de façon naturelle un animal vivant au bord de mer en Angleterre ne présentera pas les mêmes caractéristiques morphologiques que celui qui se situe dans les montagnes neigeuses du Caucase ou dans le désert nord-africain). Ensuite le caractère et la morphologie s'adaptent à l'utilisation pour laquelle on les réserve (un chien de trait n'est pas identique à un chien de berger ou un chien de chasse). Petit à petit l'humain a sélectionné les reproducteurs, mais cela sans aucune arrière pensée concernant le respect d'un esthétisme quelconque ou critère quel qu'il soit si ce n'est l'efficacité. Un chasseur fera seulement reproduire son chien s'il fait bien son travail, et ne lui « offrira » qu'une lice qui débusque bien le gibier. C'est de cette façon que la plupart des races ont débuté : les caractères (physiques et intellectuels) se sont fixés et les chiens de mêmes régions et de mêmes fonctions ont commencé à se ressembler.

C'est enfin au XIXe siècle que l'on va commencer à s'intéresser plus sérieusement au chien et à sa sélection scientifique. Cet engouement n'est pas le propre du chien, il a trait à tout ce qui se rapporte à la zootechnie, et en particulier l'élevage des animaux de ferme : vaches, chevaux, porcs, moutons... C'est une époque où les progrès des sciences et les besoins de consommation et de rentabilisation vont être associés de façon à produire plus et de meilleure qualité. On maîtrise alors les techniques de consanguinité, en particulier grâce aux recherches mais aussi actions du britannique Bakewell, ce qui permet, entre autres choses, de créer des races ovines telles que le Southdown, et de porter une importance particulière à la pureté des races.

À partir de 1859, le chien devient, outre un animal utilitaire, un produit de sélection, grâce à la première exposition canine à Newcastle. Les Anglais, en avance sur leur temps dans ce domaine, créèrent le Kennel Club (équiva-

L'ossature et les muscles du Pinscher sont bien proportionnés par rapport à sa taille, mais il ne faut pas oublier qu'il reste un chien « miniature » © Français/Cogis

lent anglais de la Société centrale canine) et son Livre d'origines inspiré de celui des chevaux, en 1874. Le premier club de race ne se fera pas attendre beaucoup plus longtemps puisqu'il s'agira du Bulldog Club qui apparaîtra en 1875.

La Société centrale canine

Naissance et histoire

La Société centrale canine (SCC) a été créée en 1882 par des chasseurs français voulant développer l'obtention de bons chiens pour leurs activités et qui prirent exemple sur le Kennel Club anglais. Le rôle avoué de cette organisation privée était de sauvegarder les races canines françaises et d'acclimater à notre pays les meilleures races étrangères.

Le président-fondateur de la SCC, monsieur de Nicolay, et ses acolytes ont rapidement mis au point un système de fonctionnement logique et indispensable pour mener leur tâche à bien. Ils ont en particulier mis en place le Livre des origines français (LOF) en 1885 et organisé des expositions canines permettant de regrouper des chiens de même race pour les juger et vérifier s'ils correspondaient aux critères de ces dernières.

En 1863 se tient la première exposition canine en France, au Jardin d'Acclimatation, et on n'y voit que des races bergères que l'on ne différencie que par leur région d'origine. En 1883, la première exposition canine officielle de la SCC organisée en France a lieu à Paris. Lors de cette même année, le LOF a enregistré environ 200 chiens, dont 180 de chasse, répartis en 20 races répertoriées. Quand on sait que maintenant sur des expositions durant deux à trois jours on peut compter 2 000 à 3 000 chiens par jour...

Le Livre des origines français

L'inscription au livre des origines

Dans le jargon des expositions vous n'entendrez jamais parler du Livre des origines français, mais plutôt du LOF de la même façon que l'on ne parle pas de la Société centrale canine, mais de la SCC.

Le LOF est une sorte de registre dans lequel sont tenues toutes les informations de naissance de chiens de pure race. Si l'éleveur fait les choses correctement, tout chien issu de parents ayant un pedigree est inscrit au LOF, ce qui ne veut pas dire pour autant qu'il possèdera lui-même un pedigree : un animal inscrit au LOF a du « sang pur » alors qu'un autre avec un pedigree a, en plus, passé un examen attestant qu'il est conforme au standard de sa race.

Du point de vue pratique, lorsqu'une saillie est réalisée, l'éleveur adresse à la SCC une « déclaration de saillie » comportant les renseignements relatifs aux reproducteurs : date de naissance, couleur et variétés éventuelles, numéro d'inscription au LOF, numéro de tatouage... Il reçoit en retour une « déclaration de naissance » et une « demande d'inscription de portée » qu'il renverra à nouveau à la SCC après les avoir remplies, et dans les délais impartis. Par la suite (les démarches ne sont souvent pas terminées lorsque vous prenez possession du chiot), l'éleveur recevra un « certificat de naissance » qu'il vous fera parvenir. Sur ce « certificat de naissance » figure la généalogie du chiot sur trois générations. Le chien est officiellement inscrit au LOF !

La confirmation

Pour que ce LOF (que l'on nomme parfois pedigree provisoire) se « transforme » en pedigree définitif il faudra aller à une séance de confirmation qui aura lieu quand votre chien aura terminé sa construction osseuse. Si à la séance de confirmation le juge constate que le chien est bien dans les normes des critères de race, celui-ci obtiendra son pedigree définitif et le monde des expositions lui sera ouvert.

La différence entre le fichier dit « ouvert » et le fichier dit « fermé » est la suivante : le second est réservé aux inscriptions au titre de la descendance tandis que le premier permet à des chiens dont les parents ne sont pas connus, ou qui ne possèdent pas de pedigree, d'être inscrits « à titre initial ». Après

PETITE CHRONOLOGIE

En 1910, la SCC et son équivalant belge (la Société Saint-Hubert) décident de fonder la Fédération cynologique internationale (FCI) (lire le paragraphe sur la FCI).

En 1914, la SCC est reconnue d'utilité publique.

En 1957, le LOF est inscrit au registre des Livres généalogiques reconnus par le ministère de l'Agriculture.

En 1965, un décret attribue à la SCC un siège au Conseil supérieur de l'élevage (section des élevages spéciaux).

En 1969, le 22 mai, elle devient un organisme agréé du ministère de l'Agriculture, avec la responsabilité de tenir le Livre généalogique.

En 1971, par un arrêté du 16 février, elle est assermentée pour s'occuper de l'identification des chiens à l'aide du tatouage et tenir le fichier national canin.

Depuis 1980, ce fichier national est tenu à l'aide d'un système informatique.

Le Pinscher et le Zwergpinscher (Pinscher nain) sont pratiquement identiques, seuls le poids et de la hauteur les différencient © Français/Cogis

trois générations d'inscription sur ce livre ouvert, il est possible d'envisager une inscription sur le livre fermé, c'est-à-dire au LOF.

La Fédération cynologique internationale

En 1908, la Belgique créa son Union cynologique Saint-Hubert ; et en 1911, le 22 mai, avec l'aide de la France, de l'Allemagne, de l'Autriche et des Pays-Bas, elle fit adopter les premiers statuts de la FCI. Cet organisme est resté, jusqu'au jour de la rédaction de ce texte, domicilié en Belgique.

La Première Guerre mondiale mettra rapidement, mais momentanément, un terme à cette fédération. Elle a été reconstituée par la France et la Belgique peu après la fin du conflit.

Le but de la FCI est d'encourager et de protéger la cynologie et l'élevage de chiens de pure race ; c'est elle qui est considérée comme l'autorité mondiale dans ce domaine. Elle ne reconnaît qu'un organisme responsable pour chaque pays affilié (la SCC pour la France).

La FCI sert donc de lien entre les organismes cynologiques des pays qui y sont rattachés, offrant une cohérence internationale. Un de ses rôles primordiaux est donc de diffuser les standards des pays d'origine de chaque race qu'elle reconnaît, mais il en est bien d'autres moins connus :

Le Pinscher nain est le modèle réduit du Pinscher, mais son expression est nettement marquée par le tempérament et le comportement d'un chien nain © Français/Cogis

LE FICHIER CENTRAL

Il s'agit là d'un des rôles de la SCC les plus importants, et qui ne concerne pas que les chiens de race. En effet ce fichier central gère tous les chiens qui portent un tatouage, un peu à la manière de l'immatriculation des véhicules. La carte de tatouage qui revient au propriétaire de chaque chien tient lieu de « titre de propriété ». En effet, sur cette carte figure les noms et coordonnées du maître ; ces éléments sont répertoriés dans le fichier central, et seule la personne ainsi nommée est considérée comme possédant légalement l'animal. En dehors des coordonnées du propriétaire du chien, doivent figurer sur la carte de tatouage : son emplacement (il peut être soit à l'intérieur de la cuisse, soit dans l'oreille, aussi bien à droite qu'à gauche), le nom complet du chien (affixe compris), sa race (et sa variété), et sa date de naissance. Lors de l'acquisition du chiot, la carte de tatouage comporte deux parties :

- la partie B devra être envoyée, après apposition de la signature de l'éleveur et de celle du propriétaire actuel, sous huit jours, à la SCC, qui la renverra directement au nouveau propriétaire au bout de quelques semaines. Depuis 1993 il n'est pas nécessaire d'affranchir cet envoi ;
- la partie A reste la propriété de l'acheteur. Cette carte revêt une importance capitale puisque y sont inscrits les noms des propriétaires et des producteurs de l'animal, comme cela a été précisé un peu plus haut. De plus, en cas de perte ou de vol du chien, c'est la seule pièce officielle qui puisse attester son appartenance à quiconque. Le fichier central de la SCC, qui gère plusieurs millions de chiens, permet d'en retrouver, grâce à ce procédé, quelques milliers par an.

• Réaliser des études scientifiques permettant l'amélioration des races canines et en particulier sur les thèmes suivants :

- études épidémiologiques ;
- études sur les empreintes génétiques ;
- études sur la propagation de certaines atteintes pathologiques ;
- études sur les problèmes de dopage (qui sont de plus en plus à craindre).

• Effectuer la reconnaissance réciproque et exclusive des livres d'origines.

• Effectuer la reconnaissance mutuelle et exclusive des affixes et la création d'un répertoire international des affixes (lorsqu'un particulier désire devenir éleveur, il propose trois affixes à la FCI, et cette dernière tranche sur celui qui deviendra celui de l'élevage).

• Effectuer la reconnaissance mutuelle des règlements et des pénalités.

• Organiser des congrès cynologiques.

De plus la FCI homologue les CACIB (Certificat d'aptitude au championnat international de beauté) et les CACIT (Certificat d'aptitude au championnat international de travail).

Carnet d'adresses

Société centrale canine
155, avenue Jean-Jaurès
93535 Aubervilliers Cedex
Tél. : 01 49 37 54 00

Fédération sinologique internationale (FCI)
13, place Albert-Ier
B6530 Thun
Belgique
Tél : (19) (32) 71 59 12 38

École vétérinaire de Maisons-Alfort
7, avenue du Général-de-Gaulle
94700 Maisons-Alfort

Club français du Pinscher et du Pinscher CFSP
Présidente : Mme SELTZ Jeannette
Siège social : 9, rue du château -93260 - Les Lilas
Site : http://membres.lycos.fr/cfsp/

À LIRE ÉGALEMENT AUX ÉDITIONS DE VECCHI

BAUMEL (C.), *Communiquer avec son chien*, 1992

CORSINOVI (V.) et PANCALDI (S.), *Le Pinscher*, 2001

DESACHY (F.), *L'Éducation du chien*, 1996

FRANCO (A.) et Rozzoni (L.), *Les Schnauzers*, 1994

ROSSI (V.), *Le Dressage du chien*, 1993

ROSSI (V.), *Le Grand Livre des chiens de race*, 1999

ROSSI (V.), *Le Schnauzer*, 2001

Parmi tous les chiens sélectionnés par l'homme, le Pinscher est peut-être celui qui, morphologiquement, est le plus semblable à son ancêtre © Lanceau/Cogis

INDEX ANALYTIQUE

Achevé d'imprimer en novembre 2007
en France - n° L44766
sur les presses de Pollina

Dépôt légal : janvier 2008
Numéro d'éditeur : 10107